PUNK STATT PUTIN

Norma Schneider

PUNK STATT PUTIN

Gegenkultur in Russland

Norma Schneider, geboren 1988, studierte Philosophie, Soziologie und Germanistik. Sie lebt als freie Journalistin, Autorin und Lektorin in Frankfurt am Main. Als Pussy Riot 2012 vor Gericht standen, begann sie, sich für Punk und Protest in Russland zu interessieren. Seitdem hat sie sich intensiv mit verschiedenen Formen russischer Gegenkultur beschäftigt – und mit der Ideologie des Putin-Regimes. Sie schreibt Literaturkritiken und Artikel über Kultur, Protest und die LGBTQ-Community in Osteuropa und dem postsowjetischen Raum, u. a. für taz, nd.Aktuell, FAZ und Jungle World.

Gefördert von:

Die Beauftragte der Bundesregierung für Kultur und Medien

 In Kooperation mit Tapete Records

1. Auflage April 2023
ISBN 978-3-95575-202-6

Lektorat: Jonas Engelmann
Gestaltung und Satz: Oliver Schmitt
Druck und Bindung: CPI Books GmbH, Leck

Ventil Verlag, Boppstr. 25, 55118 Mainz
www.ventil-verlag.de

INHALT

Einleitung   9

Teil I   **Der Mainstream: Wogegen ist die Gegenkultur?**   18

Elemente der staatlichen Ideologie   22

Die Mainstream-Kultur und ihre ideologische Funktion   37

Gegenkultur – Annäherungen an einen Begriff   43

(Möglichkeits-)Räume   44

Themen und Merkmale   49

Rechte Gegenkultur   55

Der Krieg ändert alles   58

Die Rolle des Staates – Repression und Aneignung   64

Willkür   65

Verschleierte Repressionen, schwammige Gesetze
und der rechte Mob   66

Aneignung und Vereinnahmung   71

Verschärfung der Situation seit Beginn des
Angriffskrieges   74

Teil II   **Musik: Von Subkultur, viralen Hits und Liedern
gegen den Krieg**   80

Eine kurze Reise in die Punk- und Antifaszene mit
freundlicher Unterstützung von Moscow Death Brigade   88

Ernster als ihr Name: die Punkband Pornofilmy   98

Zwischen Musik und Aktivismus: feministische Punkbands 101

Russland als Horrormärchen: IC3PEAK 106

Queere Musik im Exil: Bogolepov 111

Protestmusik seit dem 24. Februar – eine Playlist
gegen den Krieg 115

**Literatur: Von Dystopien, queeren Bestsellern
und Lyrik auf Telegram** 124

Literaturbetrieb und Underground –
Räume für kritische Literatur 125

Zerstörung der Idylle: Vladimir Sorokin 135

Tatarische Identität und dekoloniales Schreiben:
Dinara Rasuleva 139

Poesie und Anarchismus: Pasha Nikulin 144

Oppositionelle Literatur in deutscher Übersetzung –
eine Leseliste 151

Gegenkultur online 162

Memes 167

Protestperformances im öffentlichen Raum 174

No Future? Wie es weitergehen könnte 181

Literatur 185

Dank 189

Bildquellen 190

Russland ähnelt einer verfaulten Kugel, einem hässlichen Klumpen mit einer Schicht Blattgold drumherum, im Inneren aber ist alles vollgestopft mit Abfall, mit Trash-Food, Trash-Ideologie und Trash-Kultur, mit Bruchstücken von Religion, Bruchstücken von sowjetischem Kitsch, Bruchstücken eines toten Imperiums.

– Kirill Medwedew

Mein Russland sitzt im Knast
Aber glaub mir,
Das geht vorbei!
Was für ein dunkles Jahrhundert das ist
Ich stelle mir vor, dass in der Ferne
Ein vergessenes Licht der Hoffnung scheint, glaub mir nur,
Es wird ganz sicher vorbeigehen
Alles wird vorübergehen, alles hört irgendwann auf,
Es wird ein Jahr geben, einen Tag, einen Augenblick
Der Diktator von gestern einsam in einer Leichenhalle
Jetzt nur noch ein toter alter Mann

– Pornofilmy

Am 16. März 2022 wurde das Theater der ukrainischen Hafenstadt Mariupol, in dem Hunderte Menschen Schutz gesucht hatten, von russischen Bomben getroffen. Bis zu 600 Zivilist*innen, darunter viele Kinder, sollen bei dem Angriff gestorben sein. Monate später haben die russischen Besatzer*innen die Ruinen des Theaters hinter einem Gerüst versteckt und darüber eine bedruckte Plane gespannt, auf der mit Porträts und Zitaten berühmter Schriftsteller der klassischen russischen Literatur gehuldigt wird.

Ein treffenderes Bild dürfte sich kaum finden lassen für die ideologische Rolle, die Kultur für den russischen Staat spielt: Sie verdeckt buchstäblich die Gewalt des Regimes mit schönen Formulierungen und großen Namen. Kunst und Literatur sind für die Regierung Putin ein politisches Instrument.

Es verwundert also nicht, dass seit dem Beginn des Angriffskrieges gegen die Ukraine im Februar 2022 viele kritische Beiträge über die Rolle der russischen Kultur geschrieben wurden. Ukrainische Intellektuelle wie Oksana Sabuschko, aber auch einige russische Oppositionelle, sehen in der russischen Kultur eine Wegbereiterin des Krieges, bezeichnen sie als die ideologische Kehrseite des imperialistischen Krieges, lesen die russischen Literaturklassiker als Verherrlichung von Gewalt und Unterdrückung. Ukrainer*innen riefen zum Boykott russischer Kulturerzeugnisse auf und forderten, sich stattdessen endlich der ukrainischen Kultur zuzuwenden, für die man sich bisher in Westeuropa wenig interessiert hat. Der Moskauer Künstler Danila Tkachenko sagte in einem Interview mit *Radio Svoboda* auf die Frage, ob er es richtig fände, dass russische Kultur »gecancelt« werde: »Das große Problem ist, dass die russische Kultur zu einer vollkommen konformistischen Kultur geworden ist. Eigentlich ist das ihr Ende. [...] Ich denke, dass das Letzte, worüber man sich jetzt Sorgen machen muss, die russische Kultur ist. Das Konzept der ›russischen Kultur‹ ist imperial in seinem Kern.«

So wichtig diese Kritik am Konformismus und an der ideologischen Funktion der russischen Kultur ist, sie lässt außer Acht, dass es »die« russische Kultur nicht gibt. Kunst, Musik und Literatur aus Russland auf das zu reduzieren, was der russische Staat unter Kultur versteht und was ihm zur Rechtfertigung seiner Politik und zur Verschleierung seiner Gewalt dient, würde bedeuten, die vielen russischen Kulturschaffenden und Künstler*innen zu ignorieren, die sich klar gegen das Regime und den Krieg positionieren. Ihre Kunst ist nicht Konformismus, sondern Mittel zum Protest. Danila Tkachenko gehört selbst zu diesen oppositionellen Künstler*innen, die eine andere Form der russischen Kultur repräsentieren: Zum Tag des Sieges am 9. Mai 2022 hatte er eine künstlerische Intervention in Moskau geplant. Blaue und gelbe Rauchbomben sollten die Militärparade in die Farben der ukrainischen Flagge hüllen. Die Aktion, die in letzter Minute vom Inlandsgeheimdienst FSB verhindert wurde, ist nur eines von unzähligen Beispielen dafür, dass dem konformistischen Mainstream der russischen Kultur kritische, oppositionelle Formen von Kultur gegenüberstehen – Gegenkultur.

Es ist ohne Zweifel überfällig, auch hierzulande russische Kultur kritischer zu betrachten, genauer hinzusehen und zu analysieren, ob Künstler*innen – die Klassiker genauso wie die aktuellen – in ihren Werken autoritäre und imperialistische Ideologie reproduzieren, die dem Putin-Regime zur Rechtfertigung seiner Taten dient. Dazu gehört auch, Literatur und Kunst aus Russland nicht mehr bloß mit naiver Bewunderung zu begegnen, sondern zu verstehen, dass die Erzählung von der »großen« russischen Kultur dem Staat als Soft Power dient, mit der er sein Image im Ausland aufbügeln will: Wer uns *Schwanensee* und *Anna Karenina* geschenkt hat, kann so böse nicht sein. Aber gleichzeitig wäre es fatal, gegenwärtige russische Kultur auf diese

Rolle zu reduzieren und anzunehmen, sie sei stets nur regierungstreu oder zumindest unpolitisch.

Die Geschichte der russischen Kultur ist auch eine Geschichte der Opposition und der politischen Verfolgung. Viele der bekanntesten russischsprachigen Schriftsteller*innen und Künstler*innen waren in Gefangenschaft oder im Exil, ihre Werke wurden verboten. Dazu gehören Klassiker wie Dostojewski und Tolstoi genauso wie viele Autor*innen aus der Zeit der Sowjetunion, zum Beispiel Anna Achmatowa oder Boris Pasternak. Das macht deutlich, dass es – heute genauso wie im Verlauf der russischen Geschichte – unterschiedliche Arten gab und gibt, wie Kultur auf die politische Wirklichkeit reagiert. Ein nicht unerheblicher Teil der russischen Kultur stellt sich seit Jahren gegen die staatliche Politik und Ideologie in Russland, lässt sich nicht instrumentalisieren und schreibt gegen einen konservativen, nationalistischen, imperialistischen Mainstream an, analysiert diesen, stellt ihn bloß – und trägt damit dazu bei, zu verstehen, wie es so weit kommen konnte.

Von diesem Teil der russischen Kultur, der die Gewalt des Staates nicht verschleiert, sondern aufdeckt, handelt dieses Buch. Von einer Gegenkultur, von Künstler*innen, die sich als Gegner*innen des Putin-Regimes sehen, die in ihrer Musik, ihren Gedichten, ihren Memes oder ihren Performances Protest gegen das Regime ausdrücken oder zumindest etwas formulieren, das im Widerspruch zur staatlichen Ideologie steht. Der Begriff Gegenkultur ist dabei in einem weiten Sinne zu verstehen: Gemeint sind damit die verschiedensten künstlerischen Formen, die sich gegen den Mainstream und gegen das von staatlicher Seite politisch Gewollte richten, es kritisieren oder zumindest herausfordern. Deswegen kommen in diesem Buch sowohl die Punk- und Undergroundszene als auch etablierte Schriftsteller*innen vor. Und alles dazwischen.

Ich habe die Arbeit an diesem Buch lange vor dem 24. Februar 2022 begonnen. Es werden deshalb zwei sehr unterschiedliche Welten darin vorkommen: Auf der einen Seite der autoritäre Staat, der sich seit dem Jahr 2000 unter Putin herausbildete und der zwar in den letzten Jahren zunehmend repressiver wurde, in dem aber gleichzeitig immer Spielräume vorhanden waren – und oppositionelle Künstler*innen und Aktivist*innen, die diese genutzt haben. Und auf der anderen Seite die Diktatur, die seit Beginn des Angriffskrieges in Russland entsteht und die ihren Gegner*innen nur noch die Wahl lässt zwischen Exil, Schweigen und Gefängnis. Ich habe versucht, beide Welten zu zeigen und zu beschreiben, welche Möglichkeiten die Gegenkultur in Russland in den letzten Jahren hatte, welche sie seit Beginn des Angriffskrieges 2022 noch hat – und welche sie in Zukunft vielleicht noch haben wird.

Dabei geht es aber nicht nur um Repressionen. In den westlichen Medien hört man meistens nur dann von russischer Gegenkultur, wenn jemand dafür ins Gefängnis kommt. Das möchte ich ändern. Über Repressionen zu schreiben ist wichtig. Sie sind auch in diesem Buch an vielen Stellen Thema. Gleichzeitig soll die Repression nicht im Vordergrund stehen. Sondern die vielen interessanten und herausfordernden Formen und Inhalte, die oppositionelle Künstler*innen in Russland erzeugen, und ihr kreativer Umgang mit einer Lage, die ziemlich verzweifelt ist.

Als ich begann, mich für das Thema zu interessieren, war ich sehr überrascht, wie wenig es darüber zu lesen gab. Über Pussy Riot wurde breit berichtet, aber das war es dann auch schon. Ich wollte mehr wissen. Ich wollte verstehen, was es bedeutet, politische Kunst zu machen in einem Land, in dem Menschen für mehrere Jahre ins Straflager gesperrt werden, weil sie einen Punksong in einer Kirche gesungen haben. Welche Themen die Künstler*innen umtreiben, welche Formen ihre Kunst annimmt, welche Möglichkeiten sie haben oder nicht haben, wie sie sich vor staatlichen Repressionen schützen. Ob sie mit ihrer Kunst etwas verändern, das Regime und seine Anhänger*innen herausfordern wollen – oder ob es ihnen mehr darum geht, Räume zu schaffen, in denen sie sich frei ausdrücken können, unter Gleichgesinnten. Ich habe mich immer tiefer in die russische Gegenkultur eingegraben, vor allem in die Musik und die Literatur, und habe angefangen, Russisch zu lernen. Ich entdeckte immer mehr, das mich interessierte und überraschte, und aus meiner Neugier wurde eine journalistische Recherche.

Dieses Buch ist das Ergebnis. Es ist mein Blick auf die russische Gegenkultur, und mir ist klar: Es ist ein äußerst begrenzter Blick. Er ist geprägt von persönlichen Vorlieben für bestimmte Kunstformen und Stile, und davon, dass ich von außen, aus dem westeuropäischen Kontext, auf Russland blicke. Ich war zwar einige Male in Russland, habe Künstler*innen und Expert*innen von dort interviewt, aber ich habe nicht intensiv vor Ort zu diesem Thema recherchiert. Den Plan dafür gab es, aber es kamen erst die Pandemie und dann der Krieg dazwischen. Das bedeutet, dass die Beispiele, die ich im Buch vorstelle, vor allem solche sind, die auch »von außen«, also vor allem mittels Internetrecherche, zugänglich sind. Mir ist also mit Sicherheit vieles verborgen geblieben. Denn ein großer Teil der Gegenkultur findet auf lokaler Ebene statt und erregt keine mediale Aufmerksamkeit. Aber ich habe mich bemüht, nicht nur über diejenigen zu schreiben, über die ohnehin häufig in den westlichen Medien berichtet wird – zum Beispiel, weil sie dem westlichen Bild eines typischen russischen Oppositionellen entsprechen oder weil sie von besonders harten Repressionen betroffen sind.

Im ersten Teil des Buches geht es vor allem um den Kontext, in dem sich die russische Gegenkultur bewegt. Ich werfe einen Blick auf die staatliche Ideologie und Kulturpolitik und damit auf den politischen und kulturellen Mainstream, gegen den sich die Gegenkultur richtet. Darauf folgen einige allgemeine Gedanken zur oppositionellen Kunst in Russland: Über ihre Möglichkeiten, ihre Themen und Merkmale, über das Phänomen der rechten Gegenkultur und darüber, welche Rolle der Krieg gegen die Ukraine als Thema spielt. Abgeschlossen wird dieser Teil mit einer Betrachtung der Rolle des Staates. Es geht dabei vor allem um Repressionen und Versuche, oppositionelle Künstler*innen zum Schweigen zu bringen, aber auch um Aneignung und Vereinnahmung.

Im zweiten Teil wird es dann konkreter. Ich schreibe über verschiedene Formen von Gegenkultur und stelle einzelne Künstler*innen genauer vor. Der Schwerpunkt liegt dabei auf Musik und Literatur. Es geht unter anderem um die Punkszene, um Lieder gegen den Krieg, um Underground-Literatur und das, was innerhalb des Literaturbetriebs noch möglich ist. Die Künstler*innen, die ich für diese Kapitel interviewt habe, sprechen über Perspektivlosigkeit und Protest, über Exil und den Willen, trotz allem in Russland zu bleiben, über queere Kunst und den Kampf mit der eigenen Identität. Anschließend werfe ich in zwei kürzeren Kapiteln noch einen Blick auf die Rolle des Internets für die Gegenkultur, wobei ich mir vor allem politische Memes genauer anschaue, und auf eine Form von künstlerischem Protest, die in Zeiten, in denen weder Demonstrationen noch klare Anti-Kriegs-Botschaften mehr erlaubt sind, eine besonders wichtige Rolle spielt: Stumme Protestperformances im öffentlichen Raum.

Viele wichtige Kunstformen habe ich nicht berücksichtigt. Weder schreibe ich ausführlich über bildende Kunst noch über Film oder Theater. Das Bild von der russischen Gegenkultur, das ich in diesem Buch entwerfe, ist kein umfassendes. Ich habe Beispiele gewählt, die man ebenso gut durch andere Beispiele ersetzen könnte, von denen ich aber hoffe, dass sie einen Eindruck vermitteln können von der Vielfalt der russischen Gegenkultur, von dem, was die einzelnen Künstler*innen verbindet, und von dem, was sie trennt.

Dabei kann es sich allerdings nur um eine Momentaufnahme handeln, die Lage in Russland ist alles andere als stabil, es passieren ständig weitere unfassbare Dinge, mit denen man vielleicht hätte rechnen müssen, aber von denen man doch gehofft hatte, sie träten nicht ein. Als die ersten Textteile für dieses Buch entstanden, hatte ich weder mit der Eskalation des Krieges in der Ukraine zur großangelegten Invasion gerechnet noch damit, dass der russische Staat so weit gehen würde, sämtliche queeren Inhalte zu verbieten. Was noch alles passieren kann in der Zeit zwischen Fertigstellung und Druck dieses Buches, will ich mir gar nicht ausmalen. Sobald es erscheint, wird es also schon veraltet sein. Aber ich bin sicher, dass ich trotzdem einige wichtige allgemeine Tendenzen aufzeige, die weiter relevant bleiben.

Ich hoffe, dass dieses Buch erst der Anfang ist für viele Bücher, die in Zukunft zu diesem Thema geschrieben werden – denn bisher sind es sehr wenige. Vor allem hoffe ich aber, dass es neugierig macht und mehr Menschen dazu bringt, sich mit oppositionellen russischen Künstler*innen zu beschäftigen, ihre Musik zu hören und ihre Bücher zu lesen. Sie können unsere Unterstützung gebrauchen und es lohnt sich, ihnen zuzuhören.

Frankfurt am Main im November 2022

Teil I

DER MAINSTREAM
WOGEGEN IST DIE GEGENKULTUR?

Um zu verstehen, wie die Gegenkultur in Russland funktioniert, in welcher Situation sich kritische Künstler*innen, Musiker*innen und Autor*innen befinden und inwiefern sich ihre Kunst gegen den Mainstream richtet, ist es wichtig, zu verstehen, was diesen Mainstream ausmacht. Wie sieht die »offizielle« Kultur in Russland aus, das, was der Regierung genehm ist? Welche Ideologie steckt dahinter und wie wird durch sie der Umgang mit Kunst, Musik und Literatur in der russischen Gesellschaft beeinflusst?

Dass die Ideologie des Putin-Regimes von einem aggressiven Nationalismus, imperialem Denken und einer Abwertung des »Westens« als Synonym für Demokratie, Liberalismus und Diversität gekennzeichnet ist, ist seit Beginn des russischen Angriffskriegs gegen die Ukraine überdeutlich sichtbar geworden. Doch wenn man auf die Entwicklungen in Russland während der letzten zehn, fünfzehn Jahre zurückschaut, erscheint die aktuelle Eskalation nur als die Zuspitzung einer Tendenz, die sich schon länger deutlich abzeichnete. Und zwar nicht nur in Form von politischen Entscheidungen, sondern auch in der Herausbildung einer staatlichen Ideologie, einer künstlich erzeugten nationalen Identität, die über Bildung, Medien und Kultur fest in den Köpfen der Bürger*innen verankert werden soll.

Nach dem Zerfall der Sowjetunion war in Russland ein ideologisches Vakuum entstanden: Die sowjetischen Werte galten nicht mehr, aber auch die neuen Werte der kapitalistischen Freiheit hielten nicht, was sie versprachen. In den neunziger Jahren, die heute auch als »die wilden Neunziger« bezeichnet werden, war das Leben in Russland von Unsicherheit geprägt. Gewalt, Kriminalität, Drogen und Armut gehörten für viele Menschen zum Alltag, während einige wenige es schafften, im aggressiven neuen Kapitalismus sehr schnell sehr reich zu werden. Die Reformen der Regierung Jelzin konnten wenig gegen die Instabilität ausrichten. Das ließ in der Bevölkerung den Wunsch nach Stabilität entstehen und machte die Bürger*innen empfänglich für klare Werte wie Nation, Familie und Kirche. Religiöse Sekten und nationalistische Gruppen hatten starken Zulauf. Gleichzeitig waren eine sichtbare Zivilgesellschaft und Meinungspluralität vorhanden. Es gab noch keine repressive staatliche Ideologie, die die Richtung vorgab.

Das änderte sich mit dem Beginn der 2000er Jahre und der Wahl von Wladimir Putin als Nachfolger Jelzins. Präsident Jelzin hatte in seiner Neujahrsansprache zur Jahrtausendwende seinen Rücktritt verkündet und Putin, der zu dieser Zeit Ministerpräsident war, übernahm kommissarisch die Amtsgeschäfte. Aus den Präsidentschaftswahlen im März 2000 ging Putin dann im ersten Wahlgang als Sieger hervor. Putin galt von Anfang an als Hardliner, der durchgreift und für Ordnung sorgt. Sein Amtsantritt fiel in unsichere Zeiten: Anschläge und Geiselnahmen, für die tschetschenische Terroristen verantwortlich gemacht wurden, erschütterten das Land. Es trug enorm zu Putins Popularität bei, dass er sich als Kämpfer gegen den Terrorismus in Szene setzte, indem er Militäreinsätze in Tschetschenien befahl.

In seinen ersten Amtszeiten trieb Putin die Zentralisierung der politischen Macht voran und unter seiner Regierung begann sich eine neue konservativ-autoritäre Ideologie herauszubilden, die schließlich zur offiziellen staatlichen Doktrin wurde. Patriotischer Unterricht in den Schulen und regierungsnahe Jugendorganisationen sollten dabei helfen, ein neues nationales Bewusstsein zu schaffen. Das Jahr 2012 kann als ein Wendepunkt betrachtet werden. Putin kehrte ins Präsidentenamt zurück, nachdem eine Amtszeit lang Dmitri Medwedew seinen Platz eingenommen hatte, weil die Verfassung nur zwei aufeinanderfolgende Amtszeiten zulässt. So gab Putin seiner dritten Amtszeit zwar den Anschein von Verfassungsmäßigkeit, machte aber gleichzeitig deutlich, dass er nicht vorhatte, die demokratischen Strukturen zu achten.

Das System wurde autoritärer und repressiver und machte einen großen Schritt nach rechts. Die ideologische Einflussnahme durch den Staat wuchs und eine offizielle Erzählung entstand, wie die Geschichte und Gegenwart Russlands zu verstehen seien. In dieser Erzählung ist der Sieg über den Faschismus der zentrale historische Bezugspunkt, wovon ausgehend allerdings ein Bild von Russland als einer Großmacht mit militärischer wie kultureller Überlegenheit entsteht, die in der Gegenwart zum heroischen Verteidiger traditioneller Werte geworden ist, die vom »Westen« verraten werden. Diese Regierungsversion der Wirklichkeit fand ihren Ausdruck in repressiven Gesetzen wie dem gegen die Verbreitung »homosexueller Propaganda« und einer Stärkung des Konservatismus und Nationalismus in den Medien und dem offiziellen Verständnis von Kultur. Der nationalistische Ideologe Wladimir Medinski wurde zum Kulturminister ernannt, womit der Phase einer vergleichsweise liberalen Haltung des Staates zur Kultur, die Raum für experimentelle Formen ließ und die Förderung kontroverser Projekte ermöglichte, ein Ende bereitet wurde. Kultur hatte von nun an der nationalen Identitätsbildung und der Vermittlung konservativer Werte zu dienen.

Mit der Annexion der Krim im Jahr 2014, die von vielen Bürger*innen begrüßt wurde, verschärfte sich die Lage weiter. Es entstand eine patriotisch aufgeladene Atmosphäre, die mit der neuen Ideologie von der großen russischen Geschichte, Tradition und Kultur unterfüttert wurde. Es ist nicht leicht, diese staatliche Ideologie, die den politischen und kulturellen Mainstream im heutigen Russland ausmacht, zu beschreiben. Das liegt daran, dass es »eher die Imitation einer Ideologie ist als eine echte Ideologie«, wie die Politikwissenschaftlerin Lena Jonson schreibt. Oder eine »Trash-Ideologie«, wie der antifaschistische Dichter und Essayist Kirill Medwedew es ausdrückt.

Sie ist zusammengesetzt aus ideologischen Bruchstücken, die sich nur deshalb nicht gegenseitig ausschließen, weil sie aus ihrem Kontext herausgelöst wurden. So konnten die sowjetische Vergangenheit und die orthodoxe Kirche, die historisch im Widerspruch zueinander stehen, zur Grundlage des neuen nationalen Selbstverständnisses werden: Diese Strategie geht auf, weil es gar nicht um die tatsächliche Sowjetunion oder sozialistische Ideale geht, sondern um das Gefühl der nationalen Größe und Überlegenheit und um den Kollektivismus. Es geht auch nicht um Gott oder die Bibel, es geht um konservative Identität und klare Vorgaben dafür, was »normal« und »natürlich« ist.

Die Journalistin Irina Rastorgueva schreibt in ihrem Buch *Das Russlandsimulakrum*, dass »das Schlimmste an dieser neuen Ideologie ist, dass sie keine Idee hat, sie bleibt leere Rhetorik, die versucht, aus nichts etwas zu machen«. Der Konservatismus dieser Ideologie hat keine tatsächliche Tradition, auf die er sich beruft. Stattdessen entsteht aus den zusammengewürfelten Bruchstücken eine fiktive Tradition, die keine Basis in der Geschichte hat, sondern sich aus ihr herauspickt, was nützlich ist. Der Literaturwissenschaftler Ilya Kalinin drückt es folgendermaßen aus: »Anstelle der ›organischen Formen‹ des Konservatismus der Vergangenheit haben wir es mit ›genetisch veränderten Produkten‹ zu tun, die in den Laboren der Kulturpolitik gezüchtet werden.«

Die so künstlich hergestellte konservative Ideologie ist inhaltlich entleert, aber sie erfüllt dennoch die Funktion, für Zusammenhalt und Stabilität in der Gesellschaft zu sorgen, die Bürger*innen im Namen der großen, starken Nation gegen die inneren und äußeren Feinde zu vereinen. Die Substanzlosigkeit der Ideologie, die bloß über Schlagworte funktioniert, und ihre gleichzeitig sehr gut funktionierende Bindungskraft wird bei den gegenwärtigen Rechtfertigungen für die Invasion der Ukraine überdeutlich: Vonseiten der Regierung wird die Lüge verbreitet, »gegen Nazis« zu kämpfen. Eine Behauptung, die nichts mit der Realität zu tun hat, aber zum Schlagwort »Sieg über die Nazis im Großen Vaterländischen Krieg« (wie der Zweite Weltkrieg in Russlands patriotischer Deutung heißt) passt. Außerdem wird im Krieg gegen die Ukraine bzw. der »Spezialoperation«, so die euphemistische offizielle Bezeichnung, laut staatlicher Propaganda »für die Wahrheit« gekämpft. Ein Schlagwort, das gut klingt und sogar funktioniert, wenn es von einer Regierung verwendet wird, die das Lügen wie kaum eine andere perfektioniert hat. Wer steht schließlich nicht gerne auf der Seite der Wahrheit?

So ist es am Ende eben doch etwas Reales, das diese künstliche, fiktive Ideologie schafft: Nämlich eine Rechtfertigung von Gewalt – sei es die Gewalt eines imperialen Angriffskrieges auf der Basis fiktiver, verdrehter Darstellungen von Geschichte und Gegenwart, sei es die Gewalt der Ausgrenzung derjenigen, die nicht dem fiktiven Bild von »normaler«, »traditioneller« Lebensweise entsprechen. Denn auch wenn diese Ideologie keine Substanz hat, einen Inhalt hat sie sehr wohl.

ELEMENTE DER STAATLICHEN IDEOLOGIE

Laut Lena Jonson enthält der neue russische Konservatismus zum einen Motive aus der europäischen konservativen Tradition: der »Glaube an die Idee der Nation« und »an den starken Führer, der den Staat und ein geeintes Volk verkörpert«. Staatliche Souveränität wird in diesem Verständnis höher gewertet als universelle Rechte. Zum anderen finden sich Komponenten, die an den italienischen und deutschen Faschismus sowie an »gegenwärtige ›neue rechte‹ Bewegungen in Europa« erinnern.

Kategorien wie »Nation« und »Nationalcharakter« spielen eine entscheidende Rolle in der staatlichen Ideologie – letztlich ist die Bestimmung dieser Begriffe und damit verbunden die Schaffung und Aufrechterhaltung einer nationalen Identität und eines starken Patriotismus in der Bevölkerung ihr Ziel. Interessant ist, dass die staatliche Ideologie gleichzeitig betont, dass Russland ein Vielvölkerstaat ist, in dem nicht nur ethnische Russ*innen, sondern Angehörige vieler verschiedener Volksgruppen leben. Diese werden aber nicht als gleichberechtigt angesehen, sondern das Russische hat Vorrang, wie der Titel eines Artikels von Putin aus dem Jahr 2012 zeigt: »Die Selbstbestimmung des russischen Volkes: Eine Vielvölkerzivilisation mit russischem Kern«. So wird die Anerkennung der Pluralität bloß zu einem Mittel, um den »russischen Kern« in seiner Einheit zu stärken. Denn so kann sich jede*r als Teil von etwas Großem fühlen – und wer Teil von etwas Großem ist, überlegt es sich vielleicht zweimal, separatistische Anstrengungen zu unternehmen.

Ein Konzept, mit dem versucht wird, einen Begriff des Russischen zu schaffen, der mehr als ethnische Russ*innen meint und gleichzeitig keinen Zweifel lässt an der russischen Überlegenheit, ist die sogenannte »Russki Mir«, die »Russische Welt«. Dabei geht es aber weniger um verschiedene Volksgruppen innerhalb Russlands als darum, anderen slawischen Völkern ihre eigene kulturelle Identität abzusprechen und sie zu einem Teil ebenjener »russischen Welt« zu erklären. Putin definierte den Begriff im Jahr 2006 folgendermaßen: »Die russische Welt kann und muss alle vereinen, denen das russische Wort und die russische Kultur teuer sind, wo immer sie auch leben, in Russland oder außerhalb. Verwenden Sie diesen Ausdruck so oft wie möglich – Russische Welt.«

Das Konzept, so der Slawist Ulrich Schmid, »betont die soziale Bindungskraft der russischen Sprache und Literatur, der russischen Orthodoxie und eine gemeinsame ostslawische Identität«. Die »russische Welt« ist größer als die Russische Föderation – und damit ein Instrument, um imperiale Ansprüche zu formulieren.

Worin genau aber das nationale Selbstverständnis besteht, ist schwer zu sagen, wenn so viele unterschiedliche Bruchstücke von Ideologie und Identität kontextlos zusammengeworfen werden. Deshalb definiert sich die russische nationale Identität inhaltlich vor allem negativ – über die Bestimmung von inneren und äußeren Feinden, wie Lena Jonson schreibt. Von Feinden kann man sich abgrenzen und ihre (tatsächliche oder bloß vorgestellte) Existenz vermittelt das Gefühl von Zusammenhalt, aber auch von Überlegenheit und Stärke, denn dass Feinde sich für Russland interessieren, bedeutet in dieser Logik, dass es dort etwas von Wert zu holen gibt oder das Land von anderen als Bedrohung wahrgenommen wird. Feinde lenken von inneren Missständen ab und dienen als Sündenbock für Probleme. So sind an der niedrigen Lebensqualität in Russland laut staatlichen Medien vor allem die westlichen Sanktionen schuld. Oder wie Rastorgueva es formuliert: »Es ist albern, sich über hohe Preise zu beschweren, wenn es überall Feinde gibt und man das Mutterland retten muss.«

Der Lieblingsfeind der russischen Regierung ist der Westen. Er steht für eine abzulehnende alternative Ordnung, »die durch die Symbole und Werte der Demokratie, des Liberalismus und der Rechtsstaatlichkeit repräsentiert wird«, wie Jonson schreibt. Dort ist laut der offiziellen Propaganda alles viel schlimmer als in Russland. Um diese Behauptung zu untermauern, werden entweder Horrorgeschichten erfunden (etwa dass in Europa Sex mit Kindern und mit Tieren legal sei) oder die Technik des »Whataboutism« verwendet: Immer wenn ein Missstand in Russland zur Sprache kommt, wird auf diesen mit dem Hinweis auf einen angeblich viel größeren Missstand im Westen geantwortet. So kontert die russische Propaganda, wenn Einschränkungen von Rede- und Pressefreiheit in Russland thematisiert werden, mit der Behauptung, dass es doch gerade der Westen sei, wo man nichts mehr sagen dürfe, wo die Cancel Culture dominiere und man Angst haben müsse, »traditionelle« Standpunkte einzunehmen. In Russland dagegen herrsche selbstverständlich Redefreiheit, das sei sogar in der Verfassung garantiert.

Bei der Ablehnung und Abwertung des Westens dienen nicht mehr nur die USA als klassisches Feindbild. In den letzten Jahren ist auch eine wachsende Abgrenzung von Europa zu beobachten, das gerne auch mal »Gayropa« genannt wird – und so albern dieser Begriff klingen mag, er fasst das Feindbild gut zusammen: Ein Europa, das sich von vermeintlichen Minderheiten dominieren lässt, das von Schwulen und Migrant*innen vom rechten Weg abgebracht wird. Im offiziellen Regierungsdokument *Grundlagen der staatlichen Kulturpolitik* von 2014 wird Putin dazu folgendermaßen zitiert:

> **»Wir sehen, dass viele euro-atlantische Länder ihre Wurzeln, einschließlich der christlichen Werte, die die Grundlage der westlichen Zivilisation bilden, aufgegeben haben. Moralische Grundsätze und jede traditionelle Identität – national, kulturell, religiös oder auch sexuell – werden verleugnet. Es wird eine Politik verfolgt, die große**

Familien mit gleichgeschlechtlichen Partnerschaften gleichsetzt und den Glauben an Gott mit dem Glauben an Satan. [...] Und sie versuchen, dieses Modell aggressiv allen Menschen, der ganzen Welt, aufzuzwingen. Ich bin überzeugt, dass dies auf direktem Weg zu Degradierung und Primitivierung führt, zu einer tiefgreifenden demografischen und moralischen Krise.«

Das heutige Russland definiert sich sehr stark darüber, dass es sich als Verteidiger der sogenannten traditionellen Werte inszeniert, die von allen anderen, und zwar vor allem von Europa, verraten werden. Es ist – auch vor dem Hintergrund des imperialistischen Angriffskriegs auf die Ukraine – wichtig zu betonen, dass diese Abgrenzung von Europa vor allem ideologisch und politisch ist und nicht geographischer Natur. Ein Europa, das die »traditionellen Werte« nicht verrät, sondern nach ihnen lebt, gilt als durchaus wünschenswert. Der ehemalige Präsident Dmitri Medwedew sprach im April 2022 bereits von einem zukünftigen »Eurasien von Lissabon bis Wladiwostok«. Die Ideologie des Neo-Eurasismus ist bei der radikalen Rechten in Russland beliebt, sie geht von einem europäisch-asiatischen Reich unter russischer Führung aus.

In den neueren Entwicklungen der staatlichen Ideologie sieht sich Russland also nicht so sehr als Gegenpol zu Europa denn als Verteidiger eines »eigentlichen«, besseren Europas. Nicht die europäischen Werte werden abgelehnt, sondern deren »Verrat« durch Toleranz, die Abkehr vom christlichen Glauben und den Multikulturalismus. Die Aufklärung und der Humanismus zählen demnach wohl nicht zu den europäischen Werten.

Was normal ist: Konservatismus, Traditionalismus, Queerfeindlichkeit

Russland als Verteidiger und Bewahrer – das ist ein Bild, das bei vielen gut ankommt. Denn die Verlustangst steckt tief im gesellschaftlichen Bewusstsein, schreibt Ilya Kalinin. Als ein »Komplex des verlorenen

Imperiums«, der aus dem Verlust von staatlicher Größe, Macht, Sicherheit, aber auch einer klaren Ideologie und klaren Werten nach dem Ende der Sowjetunion entstanden ist. Wenn also behauptet wird, die »traditionellen Werte« seien in Gefahr, fällt das auf fruchtbaren Boden. »Die Erzeugung dieser Verlustängste wird benutzt, um die Gesellschaft zu mobilisieren, die sich zur Verteidigung des Bedrohten erheben muss. Mit anderen Worten: Die Tradition ist gerade deshalb so wertvoll, weil andere versuchen, sie uns zu rauben«, fasst Kalinin es zusammen.

Aber auf welche Tradition wird sich eigentlich berufen? Was sind das für »traditionelle Werte«? Obwohl dieser Begriff sehr häufig im offiziellen Diskurs in Russland verwendet wird, ist es schwer, eine genaue Definition dieser Werte zu finden, die über einige nichtssagende Schlagworte hinausgeht. Dennoch ist meist klar, was gemeint ist: Die sogenannte »traditionelle«, also heterosexuelle Familie, die »traditionellen« Geschlechterrollen entspricht. In Russland ist »traditionell« quasi zum Synonym für heterosexuell geworden, denn homosexuelle Beziehungen heißen dort »nichttraditionelle Beziehungen«. Das Adjektiv »nichttraditionell« hat andere Bedeutungen wie unkonventionell, modern etc. weitgehend verloren, es heißt in der Alltagssprache meist einfach: schwul. Hier wird deutlich, dass die Tradition, die bewahrt werden soll, vor allem eines beinhaltet: Homofeindlichkeit.

Tatsächlich geben queere Menschen ein besonders beliebtes Feindbild ab. Homofeindlichkeit und generell Queerfeindlichkeit stellen einen wichtigen Pfeiler der staatlichen Ideologie dar. Die Propaganda bedient vorhandene Ressentiments und lädt sie gezielt politisch auf, um die gesellschaftliche Ablehnung von Homosexualität zu stärken. Die Akzeptanz von Homosexualität war in Russland zwar nie besonders groß, aber seit Putins Amtsantritt nahm sie kontinuierlich ab, wie mehrere unabhängige Meinungsumfragen zeigen. Die Stigmatisierung von Homosexualität und queeren Identitäten in der staatlichen Propaganda funktioniert heute noch ganz ähnlich wie unter Stalin, als nach einer Liberalisierung in der Anfangszeit der Sowjetunion Homosexualität erneut verboten wurde. Damals wurden LGBTQ-Iden-

Equality March, Moskau 2012. Seit 2013 verbietet das Gesetz solche
öffentlichen Solidaritätsaktionen für LGBTQ

titäten dem Konstrukt eines »gesunden« nationalen Wir als ein devian-
tes, fremdes Anderes gegenübergestellt. Als feminin wahrgenommene
Männer passten nicht zur Idealisierung von soldatischer Stärke, und
Frauen, die keine heterosexuelle Bindung eingingen und keine Kinder bekamen, verrieten die kollektivistische Verpflichtung zum Erhalt
der Gesellschaft. Mit Stereotypen wurde so Homosexualität als etwas
Abweichendes, für die Reproduktion der Gesellschaft nicht Verwert-
bares gelabelt. Anstoß erregte dabei nicht in erster Linie der gleichge-
schlechtliche Sex, sondern die Infragestellung der etablierten Vorstellungen von Familie sowie von Männlichkeit und Weiblichkeit – und
damit die individuelle Selbstbestimmung und Auflösung der binären
Ordnung als Gegenpart zur geschlossenen kollektiven Identität mit
klar bestimmten Geschlechterrollen.

Homosexualität und queere Identitäten stehen auch heute noch
für ein Fremdes, Anderes, das von der Norm abweicht – und eine
Gefahr darstellt. Denn in dieser Vorstellung sind Homosexualität
und sonstige Infragestellungen von Cis- und Heteronormativität eben
nichts Natürliches, sondern Ideologien, für oder gegen die man sich
entscheiden und mit denen man mittels Propaganda quasi »infiziert«
werden kann. So werden auch restriktive Gesetze wie das Gesetz

gegen sogenannte »Propaganda nichttraditioneller Beziehungen« gerechtfertigt, das seit dem Jahr 2013 verbietet, unter Minderjährigen für nicht heterosexuelle Beziehungen zu »werben«: Man müsse die Kinder vor dem Einfluss dieser westlichen Ideologie schützen, die schließlich dazu führen werde, dass sich niemand mehr fortpflanzt und die heilige »traditionelle Familie« endgültig zerstört wird. Als im November 2022 die verschärfte Form des Gesetzes verabschiedet wurde, das die Verbreitung von »Propaganda nichttraditioneller Beziehungen, Geschlechtsumwandlungen und Pädophilie« generell verbietet, kommentierte dies Parlamentssprecher Wjatscheslaw Wolodin folgendermaßen: »Die Entscheidung wird unsere Kinder, die Zukunft unseres Landes vor der Finsternis bewahren, die von den USA und den europäischen Staaten verbreitet wird. Wir haben unsere eigenen Traditionen und Werte.«

Die Gleichsetzung von Homosexualität, Transgender und Pädophilie im Gesetzestext ist ein im russischen Diskurs häufig anzutreffendes Motiv, das queere Menschen als »pervers« und eine Gefahr für Kinder darstellen soll, was die Stigmatisierung von LGBTQ-Personen weiter verstärkt.

Aufschlussreich, was die Vorstellung der »traditionellen Familie« betrifft, ist in diesem Zusammenhang eine Aussage des nationalistischen Schriftstellers Sachar Prilepin, die die Literaturwissenschaftlerin Ekaterina Vassilieva in ihrem Buch *Fantasie an der Macht*, das von Macht und Literatur im heutigen Russland handelt, zitiert:

> **»In das Format meiner Familie habe ich vor allem all das übertragen, was mit dem Begriff der ›Norm‹ zusammenhängt. Einfach bestimmte Basiswerte. Dass man in einem Jungen die Männlichkeit fördert und in einem Mädchen die Weiblichkeit. Dass es Familie und traditionelle Beziehungen gibt. Dass es die russische Literatur gibt. Dass die Einstellung ›ich schulde keinem was‹ und der übrige Individualismus und Hedonismus kein normales Verhalten für einen Menschen darstellen.«**

An dieser Aussage sind gleich mehrere Aspekte interessant. Prilepin setzt dazu an, die »Basiswerte«, die der »Norm« entsprechen, zu definieren. Seine Formulierung weist darauf hin, dass er es eigentlich für klar hält, was diese Werte sind. Er hält es nicht für nötig, zu erklären oder zu rechtfertigen, warum genau das, was er nennt – nämlich rigide binäre Vorstellungen von Geschlecht und Geschlechterrollen, traditionelle (also heterosexuelle) Beziehungen und eine Ablehnung von individueller Selbstbestimmung –, selbstverständliche »Basiswerte« sein sollen. Doch zumindest was die staatliche Ideologie in Russland betrifft, dürfte er recht damit haben, dass es sich bei dem, was er aufzählt, um basale Werte handelt.

Die Vorstellung, dass die individuellen Bedürfnisse hinter denen des Kollektivs zurückstehen müssen und Individualist*innen der Gesellschaft schaden, dürfte ein Erbe der sowjetischen Ideologie sein. Doch dieses Narrativ hat heute nichts mehr mit der sozialistischen Vorstellung zu tun, dass Einzelne sich nicht auf Kosten der Gesellschaft bereichern sollen.

Die geballte Hässlichkeit des Kapitalismus hat sich nach dem Ende der Sowjetunion schnell in Russland ausgebreitet, die Kluft zwischen Arm und Reich ist tief: 2020 lebten über 20 Millionen Bürger*innen unterhalb des Existenzminimums, während 100 Dollarmilliardäre lukrative Anlagemöglichkeiten suchten, mit denen sich die Sanktionen umgehen lassen. Stattdessen bezieht sich die Ablehnung des Individualismus auf Menschen, deren Einstellung und Lebensweise von der Norm der staatlichen Ideologie abweichen – zum Beispiel, weil sie LGBTQ-Personen oder Feminist*innen sind. Außerdem werden abweichende Meinungen und Kritik im öffentlichen Diskurs oft als Verrat oder Russophobie bezeichnet – und nicht wie in einer demokratischen Gesellschaft als legitime individuelle Meinung. Rastorgueva schreibt, dass für die russische Regierung die einzelnen Bürger*innen nur als Teil einer Masse existieren, die gelenkt werden muss, »jeder Einzelne, der ausschert, stellt eine potenzielle Gefahr dar«. Deshalb ist es folgerichtig, dass die staatliche Ideologie den Individualismus abwertet.

Auffällig ist, dass Prilepin außerdem russische Literatur zu den »Basiswerten« zählt. Das ist einerseits ein Hinweis darauf, dass in dieser Vorstellung von Tradition auch Kultur und Literatur sowie klassische Bildung eine wichtige Rolle spielen. Andererseits verweist die Betonung von »russischer« Literatur wieder auf den Stolz auf das Eigene und die Abgrenzung von zum Beispiel westlicher Literatur. Tatsächlich sind die klassische russische Literatur sowie andere Kulturformen – etwa das Ballett – wichtig für die Formierung der nationalen Identität und werden in der Propaganda gerne als Zeichen der russischen Überlegenheit verkauft, auch in Zusammenhang mit der internationalen Beliebtheit von großen Namen wie Dostojewski oder Tschaikowski.

Es ist kein Zufall, dass Prilepin von der »Norm« spricht. Dieser Fixierung auf das »Normale« – und gerne auch auf das »Natürliche« – begegnet man im offiziellen Diskurs in Russland häufig. Die beiden Begriffe sind, genauso wie die »traditionellen Werte«, Platzhalter für konservative, queerfeindliche, patriarchalische Vorstellungen. Sie stehen vor allem aber auch für die Stabilität dessen, was angeblich »immer schon so« war. Bloß nichts in Frage stellen, verändern oder Neues fordern, denn die Alternative sind »Degeneration«, Chaos und – bei fortwährender »Verschwulung« – das Aussterben der Menschheit.

Dieser Kult der Norm, die Fixierung auf das Althergebrachte, sorgt auch für die Stabilisierung des politischen Systems, das sich als Vertreter und Bewahrer dieses angeblich Normalen und Natürlichen inszeniert.

Hauptsache stabil

Für Stabilität zu sorgen ist nicht nur das Ziel der staatlichen Ideologie, sondern die Stabilität ist zu einem Wert an sich geworden, den es zu verteidigen gilt und mit dessen Verteidigung sich alle möglichen Maßnahmen rechtfertigen lassen. Stabilität funktioniert als Schlagwort, mit dem sich das Leben unter Putin vom Leben in den »wilden« Neunzigern abgrenzen lässt. Bei Kritik an der Regierung hört man daher gerne als Gegenargument: »Man mag von Putin halten, was man will, aber immerhin ist es nicht so unsicher und instabil wie in den Neunzigern.«

Es ist nicht schwer, Beispiele dafür zu finden, dass dieses Bild von einem »stabilen« Leben in Russland wenig Entsprechung in der Realität findet. Besonders irrwitzig erscheint die Behauptung, Putin würde für Stabilität sorgen, angesichts des brutalen Angriffskriegs gegen die Ukraine, der nicht nur die Destabilisierung der geopolitischen Ordnung, der Weltwirtschaft und der globalen Nahrungsmittelversorgung zur Folge hat, sondern auch innerhalb Russlands eine große wirtschaftliche Instabilität ausgelöst hat und viele Bürger*innen aus der Stabilität ihres bisherigen Lebens reißt – sei es, weil sie Repressionen ausgesetzt werden oder ins Exil gehen müssen, sei es, weil sie zu Kanonenfutter gemacht werden.

Doch nach den offiziellen Darstellungen der Regierung ist keinesfalls Russland der Verursacher der aktuellen geopolitischen und wirtschaftlichen Instabilität. Sondern die »drogensüchtigen Nazis« (so Putin in einer Ansprache), die die Kontrolle über die Ukraine übernommen haben und die bekämpft werden müssen, sowie die NATO, die mit ihrer »Umzingelung« Russlands einen Angriff vorbereite, der vereitelt werden müsse. Russland ist demnach also eigentlich der Verteidiger der Stabilität, die von außen bedroht wird. In dieser Logik sind es immer die anderen, die für Instabilität sorgen, vor allem »der Westen«. Und Putin tut, was er kann und was nötig ist, um trotzdem weiterhin die Stabilität Russlands zu garantieren.

Das Ideal der Stabilität ist damit nicht nur ein Gegenbild zur gesellschaftlichen Instabilität innerhalb Russlands in den neunziger Jahren, sondern auch ein Gegenentwurf zu einer geopolitisch unsicheren Welt einerseits und zum Westen mit seiner imaginierten Abkehr von den »traditionellen Werten« andererseits. Stabilität bedeutet die moralische Sicherheit, zu wissen, was »normal« und richtig ist – und sie bedeutet die militärische Stärke, diesen Standpunkt zu verteidigen bzw. mit Gewalt durchzusetzen.

Garant dieser Sicherheit und Stärke ist der Staat bzw. die Regierung und vor allem Putin. Die Regierung wird es schon richten, lautet das

Versprechen – und im Gegenzug wird von den Bürger*innen erwartet, sich nicht einzumischen. Der Soziologe Grigori Judin schreibt, dass der Putinismus auf Demobilisierung beruht. Putin braucht nicht die »aktive Unterstützung der Bevölkerung, sondern ihre Gleichgültigkeit und Nichteinmischung«. Wer sich nicht mit Politik beschäftigt, stellt auch nichts in Frage. Tatsächlich werden Politik und vor allem Wahlen in Russland kaum noch ernst genommen, nur sehr wenige glauben daran, dass es demokratisch zugeht und dass es möglich wäre, etwas zu ändern. Also ziehen sich die meisten ins Private zurück, was dem System sehr gelegen kommt.

Gleichzeitig senden repressive Gesetze, die Kontrolle der Medien und moderne Schauprozesse gegen Aktivist*innen, kritische Journalist*innen und Künstler*innen deutliche Signale in Richtung derjenigen, die sich mit dem Versprechen der Stabilität nicht abspeisen lassen, Kritik an der Regierung üben und nach politischer Veränderung streben. Diese Menschen werden im öffentlichen Diskurs häufig als »russophob« bezeichnet und »Landesverräter« genannt. Denn ein Russland jenseits des aktuellen politischen Kurses gibt es in der Vorstellung der Regierung nicht. Wer den politischen Status quo in Frage stellt, stellt den höchsten aller Werte, die Stabilität, in Frage – und fordert damit quasi den Zusammenbruch des Staates, das Ende Russlands, das sich zusammen mit den »traditionellen Werten« im apokalyptischen Chaos auflösen wird. Es ist also wenig überraschend, dass Putin die Massenauswanderung kritischer Bürger*innen seit Beginn des Angriffskrieges begrüßte und in einer Rede im März 2022 mit stalinistischer, entmenschlichender Rhetorik kommentierte:

> **»Jedes Volk, das russische Volk ganz besonders, wird immer in der Lage sein, das Gesindel und die Verräter zu erkennen und sie auszuspucken, wie man eine Fliege ausspuckt, die einem in den Mund geflogen ist. Ich bin sicher, dass eine solche echte und notwendige Selbstreinigung der Gesellschaft unser Land nur stärken wird.«**

Putin äußert sich selten in mitrei-
ßender, emotionaler Weise, er ist
niemand, der mit agitatorischen
Reden eine begeisterte Masse an-
treibt. Seine Auftritte sind kühl,
strahlen eine ruhige Überlegenheit aus. Er zeigt sich als unnah-
barer, starker Leader, der sich von
keinen Feinden und Verrätern
beeindrucken lässt und der weiß,
was nötig ist, um die Stabilität

Ein hübsches Bild vom freundlichen Dikator

und Stärke Russlands zu garantieren. Putin funktioniert – trotz aller
Putin-T-Shirts, Putin-Kalender und Putin-Porträts in Klassenzimmern und Behörden – weniger als Person, denn als Verkörperung dieser Funktion: dass er es schon richten und Russlands Platz in der Welt
garantieren wird.

Es lassen sich zwar durchaus immer wieder Auswüchse eines
Personenkults beobachten: zum Beispiel alberne Popsongs wie *Tako-
wo kak Putin* (»Einer wie Putin«) von 2002, in dem Putin als idealer
Mann dargestellt wird, einer der stark ist, nicht trinkt und Frauen gut
behandelt, oder auch das Lied *Lutschschi drug* (»Bester Freund«) vom
regierungstreuen Rapstar Timati aus dem Jahr 2015, in dem es unter
anderem heißt: »Mein bester Freund ist Präsident Putin [...] Die Mäd-
chen sind einfach verrückt nach ihm [...] Das ganze Land steht hinter ihm [...] Er ist der Boss, also läuft alles nach Plan.« Aber da Putin
mit zunehmendem Alter immer weniger als Sexsymbol taugt, er sich
nicht mehr ganz so überzeugend oberkörperfrei als Verkörperung von
Männlichkeit und Stärke inszenieren kann und er in seinen Auftritten
nicht gerade eine nahbare Identifikationsfigur darstellt (man denke
nur an den riesigen Tisch, mit dem er seine Gesprächspartner*innen
auf Abstand hält), ist es weniger die Person Putin, die für eine emotio-
nale Bindung an das Regime sorgt, als die Werte, die er verkörpert und
verteidigt. Nicht zur Politik und zum politischen System und seinen
Prozessen wird durch die staatliche Ideologie eine Bindung aufgebaut.

Es ist für die Bindung an das Regime nicht nötig, auf die Politik zu vertrauen oder »einen wie Putin« zu wollen. Vielmehr ist es nötig, an genau die Werte zu glauben, als deren Verteidiger sich Putin und seine Regierung inszenieren. Für die Stabilität des Systems ist es nicht nötig, dass er von allen als Held gefeiert wird, sondern es reicht aus, dass er als kleineres Übel wahrgenommen wird, als vielleicht keine besonders gute, aber doch die einzig mögliche Lösung. Für die nötige Emotionalität sorgt etwas anderes: die Rituale der orthodoxen Kirche zur Verteidigung von Familie und konservativer Heimeligkeit, der nostalgische Blick auf die gute alte Zeit der Sowjetunion und der Stolz auf den Sieg im »Großen Vaterländischen Krieg«.

Für Gott und Stalin

Der Theologe Sergej Tschapnin, der lange für die orthodoxe Kirche in Russland arbeitete und ihre offizielle Zeitschrift herausgab, bis er nach einigen kritischen Äußerungen entlassen wurde, schreibt:

> **»Das neue Imperium braucht gleichermaßen Religion (als Form der Legitimierung einer nicht-demokratischen Regierung) wie auch die sowjetische Vergangenheit (als eine mythologische Zeit der großen Helden – darum ist auch der Tag des Sieges in den letzten Jahren zum wichtigsten Feiertag des Landes avanciert).«**

Beides – sowohl die sowjetische Vergangenheit als auch die orthodoxe Kirche – hat unter Putin eine Erneuerung erfahren, existiert heute in einer »Version 2.0«, in der nur substanz- und kontextlose Bruchstücke ihrer früheren Form weiterleben. Und beides dient zur ideologischen Identitätsbildung der Bürger*innen. Dabei nehmen sie allerdings unterschiedliche Funktionen ein. Die Kirche verkörpert nicht nur die »traditionellen Werte«, sondern sie hat auch die Aufgabe, dem Handeln der Regierung »Gottes Segen« zu attestieren. So rechtfertigte etwa Patriarch Kyrill den Angriffskrieg auf die Ukraine als »metaphysischen Kampf« gegen das Böse, als Positionierung »auf Seiten der Wahrheit Gottes, auf Seiten dessen, was uns das Licht Christi, sein Wort, sein Evangelium offenbaren«.

Der Bezug auf die sowjetische Vergangenheit dient sowohl dem Zusammenhalt im patriotischen Kollektiv als auch der ideologischen Überhöhung von Stabilität, imperialer Größe und militärischer Stärke. Es ist einerseits eine Nostalgie zu beobachten, die losgelöst ist von politischen, ideologischen und gesamtgesellschaftlichen Aspekten und sich auf persönliche (Kindheits-)Erinnerungen und kulturelle Erzeugnisse wie Lieder und Filme richtet, die alle kennen. Andererseits gibt es eine Form der Erinnerung, die sich als Stolz auf vergangene Größe und Helden beschreiben lässt, ein Stolz, der vor allem mit dem Sieg im Zweiten Weltkrieg zusammenhängt. Dieser Sieg wird von der Regierung Putin immer stärker zum zentralen identitätsstiftenden Moment aufgebaut. So ist die große Militärparade zum Tag des Sieges erst 2005 von Putin eingeführt und zu einem Spektakel gemacht worden, das alle anderen Formen der Erinnerung an die Vergangenheit überformt. Seit einigen Jahren schon kursieren in diesem Zusammenhang aggressive Parolen wie »1941–1945 – Wir können es wiederholen« und »Nach Berlin!«, die angesichts des aktuellen Angriffs auf die Ukraine, der als Kampf gegen Nazis gerechtfertigt wird, und angesichts der verbalen Drohungen von Regierungsvertretern gegen die NATO-Staaten wie eine gut orchestrierte ideologische Vorbereitung klingen.

Die sowjetische Vergangenheit wird auf der einen Seite zum Synonym für eine heimelige gute alte Zeit und auf der anderen Seite zur Verkörperung von militärischer Stärke und staatlicher Größe: Eine Weltmacht, die den Faschismus bezwang. Der Angriffskrieg auf die Ukraine knüpft an diese ideologische Vorstellung an, denn er ist einerseits ein Versuch, die verlorene territoriale Größe wiederherzustellen und den Weltmachtstatus zu aktualisieren – und er wird andererseits als moderner Kampf gegen den Faschismus gerechtfertigt und so in eine Reihe mit dem Sieg über das nationalsozialistische Deutschland gestellt.

Mit sozialistischer Wirtschaftsweise und den Idealen des Kommunismus hat die Überhöhung der sowjetischen Vergangenheit übrigens

Blumen auf Stalins Grab

nichts zu tun. Die Analysen von Marx und Engels sowie der Wunsch nach einer befreiten Gesellschaft sind im heutigen Russland nicht präsent, sondern nur eine zurechtgestutzte Form der Sowjetnostalgie, die sich wunderbar mit der kapitalistischen Realität vereinbaren lässt. Die Journalistin Rastorgueva schreibt: »Bezeichnenderweise war die sowjetische Ideologie auf einer erstrebenswerten utopischen Zukunft aufgebaut, während die putinistische Ideologie auf einer Utopisierung der Vergangenheit beruht.«

Zu diesem utopisierten, ideologisch verzerrten Bild der sowjetischen Vergangenheit gehört auch das Ideal von Stabilität und Ordnung. Dass es heute in Russland wieder möglich ist, sich positiv auf Stalin zu beziehen, hat nicht nur damit zu tun, dass ihm und seiner Führung der Sieg über Hitler angerechnet wird (die anderen Alliierten kommen in der Erinnerung an den Zweiten Weltkrieg kaum vor), sondern auch mit diesem Ideal. Stalin steht wie kein anderer in der (ideologischen Version der) russischen Geschichte für Stabilität und Ordnung. Individuelle Bereicherung, Korruption, Gauner und Verräter habe es unter ihm nicht gegeben, lautet eines der Argumente für seine Rehabilitierung.

Dieses problematische Geschichtsbild ist, wie die gesamte staatliche Ideologie, aus nützlichen Bruchstücken zusammengesetzt, die das Negative – also beispielsweise den stalinistischen Terror, das Gulag-System und die Millionen gefallenen Soldaten im Zweiten Weltkrieg – ausblenden oder beschönigen. Die Kontrolle der Geschichte bzw. die Etablierung einer bestimmten Lesart der Vergangenheit gehört zu den zentralen Elementen der staatlichen Ideologie, so dass zum Beispiel schon ein historischer Roman, der sich an den Fakten orientiert statt an der offiziellen Lesart, zur Gegenkultur gerechnet werden kann. Um solchen Bestrebungen entgegenzuwirken, berief der ehemalige Kulturminister Wladimir Medinski eine »Kommission zur Verhinderung der Fälschung der Geschichte zum Schaden der Interessen Russlands« ein, schreibt Rastorgueva. Denn »wer die Vergangenheit kontrolliert, kontrolliert die Zukunft«, wie es schon in Orwells *1984* heißt.

Die Zukunft als offener Raum für Möglichkeiten, Veränderungen und Fortschritt existiert in der staatlichen Ideologie nicht. Oder wie die Politikwissenschaftlerin Jonson es ausdrückt: »Die Vergangenheit ist das Ideal, während die Zukunft als Bedrohung betrachtet wird, und um die Gegenwart zu retten, hält man es für notwendig, zu den Traditionen der Vergangenheit zurückzukehren.« Die Mainstream-Kultur ist deshalb voll von idealisierten Darstellungen historischer Ereignisse, Erzählungen von glorreichen Held*innen und dem einfachen, aber ehrlichen Leben von Patriot*innen. »Die Kultur wird in ein Museum verwandelt, das die Vergangenheit in einer komponierten Form bewahrt, die den Zwecken der Gegenwart entspricht«, schreibt Kalinin. Kultur wird so zu einem ideologischen Instrument, das das System stabilisiert, indem sie immer wieder die gleiche patriotische Leier von der glorreichen Vergangenheit und Tradition wiederholt, die keinen Raum lässt für Ideen von Veränderung und einer Zukunft, in der andere »Basiswerte« gelten.

DIE MAINSTREAM-KULTUR UND IHRE IDEOLOGISCHE FUNKTION

Was die Mainstream-Kultur in Russland ausmacht, welche Formen und Inhalte in kulturellen Erzeugnissen beliebt sind und verbreitet werden können, ohne Repressionen fürchten zu müssen, ist eng mit der staatlichen Vorstellung von Kultur und ihrer Rolle in der Gesellschaft verknüpft. Durch die starke mediale Präsenz der staatlichen Ideologie, durch die Skandalisierung und das Verbot kritischer

Inhalte und die Institutionalisierung eines bestimmten Bildes von »der« russischen Kultur, schafft der Staat ein Klima, in dem immer deutlicher sichtbar wird, wie Kunst, Musik und Literatur beschaffen sein müssen, um Erfolg zu haben, öffentliche Anerkennung und Fördergelder zu erhalten und in staatlichen Institutionen gezeigt zu werden. Viele Künstler*innen entscheiden sich bewusst dafür, Kunst zu machen, die »gewollt« ist. Entweder sie identifizieren sich ohnehin mit dem Regime oder sie betreiben Selbstzensur, weil ihnen Erfolg und Anerkennung wichtig oder sie darauf angewiesen sind, von ihrer Kunst leben zu können.

Aus Sicht der Regierung ist eine bestimmte Form von Kultur aber nicht bloß »gewollt«, sondern wird aktiv als ein Instrument verwendet, »um das konservative Weltbild zu sichern, zu verbreiten und zu festigen«, so Jonson, wodurch Kultur »zu einem zentralen Schauplatz des politischen Wertekampfs« wird. Kultur soll für nationalen Zusammenhalt sorgen und eine stabile nationale Identität schaffen, die über alle Unterschiede hinweg funktioniert. Der Literaturwissenschaftler Kalinin schreibt dazu: »Die Anerkennung der nationalen Identität durch die Zugehörigkeit zu einer gemeinsamen Kultur ermöglicht es, eine Vielzahl sozialer Trennungen, seien sie ethnischer, religiöser, sozialer oder politischer Art, zu beseitigen (bzw. eigentlich zu ignorieren).« Kultur ist also ein verbindendes Element, das dabei hilft, ein patriotisches Kollektiv zu schaffen, von dem so wenig abweichendes Verhalten wie möglich zu erwarten ist.

Dass Kunst den »traditionellen russischen Werten« entsprechen und zur nationalen Identitätsbildung dienen soll, ist seit 2014 offizielle Staatsdoktrin. Auch zuvor gab es bereits Repressionen gegen Künstler*innen, die sich in ihren Werken gegen die Regierung und die staatliche Ideologie richteten, besonders auch gegen solche, die die orthodoxe Kirche mit künstlerischen Mitteln kritisierten oder bloßstellten. Man denke zum Beispiel an die Pussy-Riot-Mitlieder, die nach ihrer Performance 2012 in der Christ-Erlöser-Kathedrale wegen »Verletzung religiöser Gefühle« angeklagt wurden. Auch vorher waren in Putins Regime bestimmte Formen und Inhalte in der Kultur nicht erwünscht, doch ihre Unterdrückung erfolgte weniger systematisch als nach dem Fall Pussy Riot.

Pussy Riot

Das Regierungsdokument *Grundlagen der staatlichen Kulturpolitik*, das 2014 von Präsident Putin unterzeichnet wurde, gibt einigen Aufschluss darüber, wie Kultur in seinem Regime zu funktionieren hat. Das Dokument beschreibt die Funktion und die Ziele der Kulturpolitik, und das so entstehende Bild von Kunst ist mehr als ernüchternd. Gleich zu Beginn heißt es: »Die staatliche Kulturpolitik wird als integraler Bestandteil der nationalen Sicherheitsstrategie der Russischen Föderation anerkannt.« Sie soll den »wirtschaftlichen Wohlstand, die staatliche Souveränität und die zivilisatorische Identität des Landes« stärken und Russlands internationale Führungsrolle sichern: »Die Vormachtstellung des russischen Staates in der Welt wird nicht nur durch seine Streitkräfte und wirtschaftlichen Ressourcen bestimmt, sondern auch durch die große russische Kultur, ihr geistiges, intellektuelles und innovatives Potenzial.«

Kultur ist in dieser Vorstellung also keineswegs unpolitisch, sondern sie stellt eine Waffe im globalen Machtkampf dar. Gleichzeitig soll sie für inneren Zusammenhalt und »für die Erhaltung eines gemeinsamen Kulturraums« sorgen. Sie soll patriotische Gefühle stärken, die Institution Familie aufwerten und »den Kern der nationalen Identität an neue Generationen« weitergeben, nämlich die »traditionellen Werte und Normen, Traditionen, Bräuche und Verhaltensmuster der russischen Zivilisation«. Sie soll damit »gegenwärtigen Gefahren« entgegenwirken, der »Abwertung anerkannter Werte und der Verzerrung von Wertvorstellungen, der Deformierung des historischen Gedächtnisses, der negativen Bewertung von bedeutenden Perioden der russischen Geschichte und der Zunahme des Individualismus«. Kurz gesagt: Kultur hat die Aufgabe, dabei zu helfen, die staatliche Ideologie durchzusetzen.

Im weiteren Verlauf des Dokuments, in dem auch viele konkrete Maßnahmen formuliert werden, spitzt sich die Argumentation weiter zu und es wird eine restriktive Vorstellung von den Inhalten der Kultur formuliert:

> **»Kultur schließt die Unterscheidung zwischen der Norm und dem, was außerhalb des Bereichs des Akzeptablen liegt, ein. Die Gesellschaft hat im Interesse der Selbsterhaltung das Recht, Grenzen und Verbote zu setzen – auch in den Bereichen, die die Kultur betreffen. Die Bewahrung eines gemeinsamen Kulturraums erfordert die Ablehnung staatlicher Unterstützung für kulturelle Projekte, die fremde Werte aufzwingen wollen. [...] Der wichtigste Grundsatz lautet: Kein Experimentieren mit der Form kann einen Inhalt rechtfertigen, der den traditionellen Werten unserer Gesellschaft widerspricht, oder das Fehlen jeglichen Inhalts.«**

Kulturelle Erzeugnisse müssen also dem entsprechen, was laut der staatlichen Ideologie als »normal« gilt, sie müssen bestimmte Werte vertreten. Neutralität ist nicht möglich – bereits die Abwesenheit eines (klar erkennbaren) Inhalts wird als Verstoß gegen die Norm gewertet, denn so könnte Raum für Offenheit entstehen und damit für eine Alternative. So wird alles, was sich nicht klar als Stärkung der nationalen Identität und der »traditionellen Werte« verstehen lässt, zur Bedrohung. Auch Mehrdeutiges und Irritierendes – wie es ja eigentlich zum Grundbestand von Kunst und Literatur gehört – ist somit in der offiziellen Kultur unerwünscht. Eindeutigkeit im Sinne der Norm ist das Ziel – wie unter Stalin, als abstrakte Kunst verboten war.

Die Formulierung, bestimmte kulturelle Projekte würden »fremde Werte aufzwingen«, verweist erneut auf die Abgrenzung vom Westen. Auch schon vor dem Beginn des Angriffskrieges kam es zu einer zunehmenden Verdrängung westlicher Kulturerzeugnisse aus den russischen Medien. Kultur in Russland soll vor allem russisch sein und möglichst frei vom Einfluss anderer Kulturen. Im Dokument heißt es entsprechend: »Die Ideologie des ›Multikulturalismus‹, deren verheerende Auswirkungen sich in Westeuropa bereits beobachten ließen, eignet sich nicht für Russland.« Wie die staatliche Ideologie generell, funktioniert auch die Definition der russischen Kultur vor allem über die Abwertung des Abweichenden und die Definition von Feinden. Dass sich seit Beginn der Invasion der Ukraine der Graben zwischen Russland und dem Westen stark vertieft hat, westliche Medienanbieter wie Netflix oder Spotify sich aus Russland zurückgezogen haben und es schwieriger geworden ist, westliche Kulturprodukte zu konsumieren, ist demnach nichts, was die Regierung schmerzen würde, sondern es dürfte ihr gerade recht kommen und stellt eine logische Fortsetzung der Entwicklungen der letzten Jahre dar.

Der kulturelle Mainstream in Russland ist nationalistisch und stark politisch aufgeladen. Was nicht der kulturellen Norm entspricht, wird im öffentlichen Diskurs häufig als westlich, elitär oder russophob abgewertet. Dabei geht es nicht um eine wirkliche Auseinandersetzung mit Kunst, sondern darum, »russische Kultur« auf doppelte Weise zum politischen Instrument zu machen: Sie dient als Mittel zur nationalistischen Identitätsbildung (und damit zur Stabilisierung des Regimes) und sie demonstriert nach außen die Größe und Überlegenheit Russlands. Staatliche Förderung erhält Kunst, die sich in dieser Weise instrumentalisieren lässt. Das sind zum einen Kunstwerke, die tatsächlich die Schlagworte der staatlichen Ideologie aufgreifen und zum Beispiel die sowjetische Vergangenheit oder das »traditionelle« Familienleben heroisieren oder romantisieren. Aber auch bloß dekorative oder unterhaltende kulturelle Erzeugnisse, die keine politische Intention haben, lassen sich entsprechend nutzen. Bei der erwünschten Eindeutigkeit von Kunstwerken geht es weniger um die Intention, die dahintersteht, sondern vielmehr darum, wie sie verstanden werden. Lena Jonson schreibt: »Die russischen Behörden versuchen, die Generierung von Bedeutung zu kontrollieren. Zu diesem Zweck versuchen sie sicherzustellen, dass Kultur und Geschichte ›korrekt‹ interpretiert werden.« Das gilt sowohl für Werke der Vergangenheit, zum Beispiel Literaturklassiker, als auch für aktuelle Musik, Literatur und Kunst.

Das Wichtigste ist, dass diese kulturellen Erzeugnisse nicht so verstanden werden können, dass sie »die Norm« in Frage stellen und den Status quo kritisieren. Selbst das, was vielleicht mal widerständig gemeint war, soll Teil der normierten, eindeutigen Kultur werden, die die scheinbare Pluralität von Formen und Inhalten stolz als Beweis ihrer angeblichen Vielfalt und Offenheit vor sich herträgt.

Kultur hat in Putins Vorstellung der Stabilität des Systems zu dienen, ob sie es will oder nicht. Was sich entsprechend verwerten lässt, wird im Sinne der staatlichen Ideologie interpretiert. So ließen sich in den letzten Jahren immer wieder Versuche der Vereinnahmung von populärer Kultur durch das Regime beobachten, zum Beispiel von Rapmusik, worauf ich später noch genauer eingehen werde. Was sich der Vereinnahmung widersetzt, wird verboten oder unterdrückt. Aber so sehr sich Putin darum bemühen mag – sein Russland ist kein geschlossenes System. Es lässt Raum für Gegenkultur, für kritische Künstler*innen, die mit ihren Werken nicht der nationalen Einheit und den »traditionellen Werten« dienen wollen. Und auch wenn dieser Raum sich seit dem 24. Februar 2022 dramatisch verkleinert hat – es gibt ihn noch immer.

Was ist Gegenkultur? Es gibt mehrere wissenschaftliche und weniger wissenschaftliche Definitionen dieses Begriffs. Ich verstehe darunter jede Form von Kunst und Kultur, die sich gegen den Mainstream richtet, die diesen und den politischen und gesellschaftlichen Kontext, in dem sie sich bewegt, nicht reproduziert oder gar verherrlicht, sondern in Frage stellt. Dieses sehr offene Verständnis von Gegenkultur schließt die verschiedensten kulturellen Formen mit ein – von Punkkonzerten in Hinterhofkellern und anarchistischen Lyrik-Zines über kritische Memes und TikTok-Videos bis hin zu etablierten Schriftsteller*innen, die in ihren Werken die gesellschaftlichen Verhältnisse bloßstellen. Diese umfassende und wenig konkrete Definition ist wichtig, um möglichst keine Form von oppositioneller Kunst auszuschließen und einen umfassenden Blick auf die Gegenkultur in Russland zu ermöglichen.

Es wäre auch sehr schwierig, Gegenkultur über bestimmte Formen und Inhalte zu definieren, da nicht immer vorauszusehen ist, was von den Rezipient*innen als kritisch bzw. als Infragestellung des politischen und kulturellen Mainstreams gelesen wird. Dinge, die harmlos erscheinen, können als große Provokation wahrgenommen werden, anderes wiederum, das kritisch gemeint war, wird vom Staat vereinnahmt und umgedeutet. Eine Definition von Gegenkultur als Kunst mit eindeutig regierungskritischer politischer Aussage würde außerdem der Komplexität von Kunst nicht gerecht werden. Politisch ist nicht nur das, was plakativ eine politische Botschaft vor sich herträgt. Kunst ist mehr als Aktivismus und Agitation, sie ist im besten Falle vieldeutig und komplex, irritierend und überfordernd. Deswegen ist es wichtig, Gegenkultur nicht als Kunst mit politischem Programm zu verstehen, sondern darunter verschiedenste Formen und Inhalte zu fassen, die das gesellschaftlich Akzeptierte und politisch Gewollte hinterfragen und herausfordern. Und da das offizielle Verständnis von Kunst und Kultur in Putins Russland nach Eindeutigkeit strebt und sich an der »Norm« orientiert, kann bereits Kunst, Musik oder Literatur zur Gegenkultur werden, die sich der eindeutigen Interpretation verweigert – wie es eigentlich jede gute Kunst tun sollte.

Gegenkultur in diesem umfassenden Sinne kann die »Norm« des Mainstreams auf ganz unterschiedliche Weise in Frage stellen. Sie kann direkte Konfrontation suchen, provozieren, anprangern und protestieren. Zu solchen Formen von Gegenkultur, denen es darum geht, öffentliche Aufmerksamkeit zu schaffen und zu politischer Veränderung beizutragen, gehören zum Beispiel Protestperformances wie die von Pussy Riot oder Musik und Literatur mit eindeutig kritischen Texten. Oft geht die Gegenkultur aber subtiler vor, sie sorgt für kleine Irritationen des Gewohnten oder schafft eine Alternative zur etablierten Kultur, indem sie etwas ganz anderes macht, ohne eine direkte Konfrontation zu suchen. Beispiele dafür können regionale partizipative Projekte sein, die gleichgesinnte Leute zusammenbringen, sichere Orte für freien Austausch schaffen und so im Kleinen etwas verändern können, kleine Kunstprojekte, die einen konkreten praktischen Nutzen haben, etwa den Stadtraum gestalten oder marginalisierten Menschen eine Stimme geben.

(MÖGLICHKEITS-)RÄUME

Da es gefährlich ist, auf direkte Konfrontation mit dem Regime zu gehen, entscheiden sich viele Künstler*innen für unauffälligere Formen von Gegenkultur, um sich und ihr Publikum zu schützen. Sie schaffen es im besten Fall, die vorhandene Spielräume geschickt auszunutzen und unter dem Radar der Behörden zu existieren. Gleichzeitig ist es selten vorhersehbar, was die Behörden als Provokation verstehen und wie groß die Spielräume tatsächlich sind. Gegenkultur wird somit zu einem ständigen Abwägen und Austesten von Möglichkeiten, das im schlimmsten Fall schiefgeht und zum Verbot von Inhalten, zur Schließung von kulturellen Räumen oder zur Verhaftung von Künstler*innen führen kann.

Unauffälligkeit kann die Gefahr von Angriffen und Repressionen verringern. In Russland sieht man deshalb den »alternativen« Orten nicht so deutlich an, dass sie alternativ sind. Sie tragen ihren gegenkulturellen Charakter nicht vor sich her wie etwa ein autonomes Zentrum in Deutschland mit riesigem Anarcho-Graffiti an der Fassade. Dass trotz der seit Beginn des Angriffskrieges für Oppositionelle besonders gefährlichen Lage solche »alternativen« Orte auch weiterhin existieren, berichtet Isabella Hoyer, die Anfang Februar bis Ende Juni 2022 in Moskau studiert hat. Sie hat mir von einer linken, anarchistischen Buchhandlung erzählt und von kleinen oppositionellen Shops, die Soli-T-Shirts, Buttons und Aufkleber verkaufen. Von der Straße sind die Läden oft nicht sichtbar, sie sind in Hinterhöfen und Kellern versteckt. Geheim sind diese Orte nicht, aber man erfährt eher durch Zufall von ihnen oder weil man sich im entsprechenden Umfeld bewegt. Auf die dort

T-Shirt-Motiv des Barking Store

verkauften T-Shirts sind teilweise deutliche politische Botschaften gedruckt, teilweise Motive mit eher dezenten politischen Anspielungen. In einem Laden, der sich Feelosophy nennt, werden zum Beispiel Shirts mit der Aufschrift »LGBT« oder »Inoagent« (»ausländischer Agent«) angeboten. Beim hippen Barking Store in Moskau gibt es ein T-Shirt zu kaufen, auf dem Kinder auf dem Schulweg abgebildet sind, hinter ihnen steht ein Gefangenentransporter mit der Aufschrift »Schulbus« – ein Hinweis auf die Omnipräsenz des Polizeistaats und die düstere Zukunftsperspektive vieler junger Menschen in Russland:

Ein Leben im Gefängnis oder einer anderen Form von Unfreiheit. Angeboten werden dort aber auch verschiedene humorvolle Designs, oft mit Tiermotiven, die keinen direkten politischen Bezug, sondern vor allem einen Wiedererkennungswert unter Eingeweihten haben, man erkennt sich als Gleichgesinnte.

Auch Punkkonzerte oder andere gegenkulturelle Veranstaltungen werden oft nicht öffentlich angekündigt, man erfährt Ort und Datum nur kurzfristig über Mundpropaganda. Die feministische Forscher*in und Aktivist*in Vica Kravtsova erzählt, dass bei Veranstaltungsankündigungen genau darauf geachtet wird, wie man sie formuliert, und häufig bewusst auf die Verwendung politischer Begriffe verzichtet wird. Teilweise ist aus der Ankündigung dann für Außenstehende nicht zu erkennen, dass es sich um etwas Politisches handelt. In einem Interview mit *Vice* sagt die Künstlerin Anastasiia Fedorova in Bezug auf queere Veranstaltungen:»Wenn es klein oder obskur genug ist, kann es sozusagen unbemerkt bleiben, aber man lebt immer noch in ständiger Angst vor Gewalt oder Schließung. Die Gefahr, für das, was man tut, verfolgt zu werden, ist sehr real.« Es funktioniere, bis es nicht mehr funktioniere,»denn es kann jeden Moment zu einer Razzia kommen«.

Es gibt also durchaus alternative Orte und Veranstaltungen, aber sie vermeiden aus Sicherheitsgründen zu große Sichtbarkeit. Der Nachteil ist, dass die Gegenkultur so weniger zugänglich wird und nur Eingeweihte entsprechende Orte, Inhalte und Veranstaltungen finden bzw. verstehen, worum genau es bei einer Veranstaltungsankündigung geht. Um Gegenkultur jenseits von großen Namen und provokativen öffentlichen Aktionen zu finden, also gerade die Formen von Gegenkultur, denen es um Partizipation und die Schaffung von Räumen für Gleichgesinnte geht, muss man wissen, wonach genau man suchen muss. Diese Sicherheitsmaßnahmen machen viele Projekte exklusiver, als sie sein wollen, doch ohne solche Maßnahmen könnten viele Veranstaltungen gar nicht stattfinden.

Trotzdem gibt es auch weiterhin mutige Menschen, die das Risiko eingehen und öffentlich Gegenkultur produzieren. Isabella Hoyer hat mir von einer Ausstellung erzählt, die von »Otkrytoje prostranstwo«

(»Offener Raum«) organisiert wurde, einem Projekt, das politischen Gefangenen hilft und Räume für Aktivist*innen bereitstellt. Die Ausstellung mit dem Titel *Awtonomnaja sona* (»Autonome Zone«) wurde am 12. Juni 2022 in Moskau eröffnet. Dort wurden Werke von Menschen gezeigt, die in den letzten zwei Jahren aus politischen Gründen in Gefangenschaft oder Untersuchungshaft waren. Zahlreiche Zeichnungen, Gemälde, Gedichte, Installationen und Briefe waren zu sehen, darunter auch einige sehr aktuelle Beiträge mit Anti-Kriegs-Botschaften. Auch Werke

Sasha Skochilenko

von Sasha Skochilenko wurden gezeigt, einer Künstlerin, die verhaftet wurde, nachdem sie in einem Supermarkt Preisschilder durch Informationen über den Krieg und die Situation in Mariupol ersetzt hatte.

Die Information über die Ausstellung wurde nicht nur über Mundpropaganda verbreitet, sondern die Veranstaltung wurde öffentlich im Telegram-Kanal der Organisation und auf Instagram angekündigt. Die Eröffnung konnte stattfinden, doch zwei Tage später wurde von Nationalist*innen die Polizei gerufen. Die Polizist*innen durchsuchten die Räumlichkeiten, beschlagnahmten einige der Kunstwerke sowie Aufkleber und Broschüren mit LGBTQ-Thematik. Zwei anwesende Personen, die gerade ihre Schicht machten, wurden als vermeintliche Organisator*innen auf die Polizeiwache gebracht und in den folgenden Tagen wurden ihre Wohnungen durchsucht.

Auch nach Beginn des Angriffskrieges und trotz der drastisch verschärften Repressionen sind weiter gegenkulturelle Räume vorhanden, Veranstaltungen mit kritischen Inhalten finden statt – und das sogar mit öffentlicher Ankündigung. Allerdings unter hohem Risiko, denn die Behörden und regierungsnahe Gruppierungen setzen alles daran, die letzten kritischen Organisationen zu verbieten, gegenkulturelle Räume zu schließen und kritische Aktivist*innen und

Künstler*innen mundtot zu machen. Aktuell findet deshalb ein stetig wachsender Teil der Gegenkultur im Internet und im Exil statt. Und vieles von dem, was in Russland möglich war und ist, konzentriert sich vor allem auf die beiden großen Städte im dichter besiedelten westlichen Teil des Landes: Moskau und Sankt Petersburg.

Durch die extrem große Fläche Russlands sind die Etablierung einer städteübergreifenden gegenkulturellen Szene und eine entsprechende Vernetzung nur online möglich. Viele gegenkulturelle Projekte sind fest an bestimmte Städte gebunden. Und für kleine Underground-Bands gibt es kaum Möglichkeiten, eine Tour mit Konzerten im ganzen Land zu organisieren, weil die Kosten zu hoch wären. Der asiatische Teil Russlands hinter dem Ural ist flächenmäßig um ein Vielfaches größer als der europäische Teil – und um ein Vielfaches dünner besiedelt. Zwischen den einzelnen Städten liegen nicht selten Hunderte oder sogar Tausende Kilometer. Die antifaschistische Band Moscow Death Brigade, die ich im Jahr 2019 auf ihrer Europa-Tour zum Interview getroffen habe, hat mir von diesen Schwierigkeiten erzählt: »Es ist schwer, mit dem Bus zu touren, denn gerade im östlichen Teil Russlands muss man sehr große Distanzen überwinden und es gibt nicht so viele Orte, wo man auftreten kann. Also würden wir tagelang fahren, ohne irgendwo spielen zu können«, sagt Vlad Boltcutter. Und um vom westlichen Teil des Landes ganz in den Osten zu kommen, würde man acht oder sogar zwölf Stunden im Flugzeug verbringen. »Das ist ziemlich teuer.« Sein Bandkollege Ski Mask G vergleicht die Lage mit der in Deutschland, wo »man in so ziemlich jede etwas größere Stadt gehen kann und einen Ort findet, wo eine Punkband ein Konzert spielen kann. Wenn man irgendwo in die russische Provinz kommt, wird man große Schwierigkeiten haben, eine Konzertlocation zu finden.« Vlad Boltcutter ergänzt: »Man kann in Russland nur in sehr wenigen Städten auftreten, weil es keinen Ort dafür gibt. Oft gibt es nicht mal eine Szene, vielleicht nur ein paar wenige Leute, die Underground-Musik hören, und das war's.«

Laut den beiden Musikern wächst – oder wuchs 2019 – die gegenkulturelle Szene außerhalb von Moskau und Sankt Petersburg allerdings stark, zum Beispiel in Sibirien, was man unter anderem dem Internet zu verdanken habe. Tatsächlich sind in den letzten Jahren viele dezentrale gegenkulturelle Projekte entstanden. Die Aktivist*in Vica Kravtsova erzählt, dass es in fast jeder Stadt »gute Sachen« gibt – und meint damit vor allem feministische Projekte an der Schnittstelle von Kunst und Aktivismus. In Toljatti zum Beispiel, einer Stadt an der Wolga mit 700.000 Einwohner*innen, gibt es eine feministisch-künstlerische Community mit trans Personen, und in der Enklave Kaliningrad organisiert die Gruppe Feminitiw (»Feminitive«) viele Veranstaltungen. Feminismus und queere Identitäten haben sich in den letzten Jahren zu sehr wichtigen Themen der Gegenkultur entwickelt.

THEMEN UND MERKMALE

Auch wenn es der Komplexität und Vielfalt von Gegenkultur nicht gerecht werden würde, sie einzig über Inhalte und Positionen zu definieren, lassen sich natürlich Themen und Merkmale ausmachen, die immer wieder im gegenkulturellen Kontext in Russland vorkommen. Da sind zum einen klassische gegenkulturelle Themen, wie man sie international beispielsweise aus dem Punk kennt: gegen die Polizei und das System, Ablehnung von Herrschaft und Religion sowie von Sexismus, Nationalismus und Rassismus. Dazu kommen zum anderen russlandspezifische Themen, zum Beispiel Repressionen und politische Gefangene sowie Kritik an der vorgegebenen »Normalität« der patriarchalen Geschlechterrollen, der Legalisierung häuslicher Gewalt und dem Hass auf alles Queere.

Da sich die staatliche Ideologie so stark auf die »traditionellen Werte« konzentriert und die Abwertung queerer Menschen zu den wirkmächtigsten Elementen des kulturellen Mainstreams gehört, ist queere und feministische Kunst ein wichtiger Teil der Gegenkultur. Dabei lässt sich beobachten, dass schon etwas, das aus einer linksliberalen, westeuropäischen Perspektive betrachtet selbstverständlich erscheinen mag, in Russland als Gegenkultur wahrgenommen wird – zum Beispiel ein Comicstrip, der erklärt, dass Feminismus nicht bedeutet, alle Männer zu hassen. Solche kleinen, vorsichtigen Versuche der Aufklärung mit künstlerischen Mitteln sind Beispiele dafür, dass Künstler*innen manchmal bewusst auf Radikalität verzichten, um Menschen zu erreichen, die von der Mainstream-Kultur eingenommen sind.

Aber nicht alle Künstler*innen und Aktivist*innen nehmen Rücksicht auf die Mehrheitsgesellschaft. Sie entscheiden sich stattdessen dafür, Safe-Spaces für sich und ihre Community zu schaffen, wo queere und feministische Kunst produziert werden kann, ohne Anstoß zu erregen. Es gibt in vielen Städten in Russland queerfeministische Gruppen, die solche Projekte aufbauen. Vica Kravtsova, die sich seit Jahren für die Sichtbarmachung lokaler feministischer Initiativen in Russland und den Ländern der ehemaligen Sowjetunion einsetzt, berichtet von vielen Beispielen für solche Initiativen an der Schnittstelle zwischen Kunst und Aktivismus. Dabei spielen neben dem Queerfeminismus auch antirassistische und vor allem dekoloniale Perspektiven eine wichtige Rolle. Die Künstler*innen und Aktivist*innen wollen Aufmerksamkeit für die nicht aufgearbeitete russische Kolonialgeschichte und das imperialistische Denken schaffen, das weiterhin die staatliche Ideologie – und das staatliche Handeln – beherrscht. Sie nutzen künstlerische Mittel, um zu zeigen, dass es in Russland nicht nur Russ*innen gibt, sondern eine Vielzahl nationaler Identitäten. Damit richten sie sich klar gegen das ideologische Bild von der »Vielvölkerzivilisation mit russischem Kern«, das von einer russischen Dominanz ausgeht. Viele Künstler*innen thematisieren in ihren Werken ihre nichtrussische Identität und schreiben zum Beispiel Gedichte statt auf Russisch auf Tatarisch. So wird Gegenkultur zum Protest gegen die Dominanz der russischen Sprache und die Unterdrückung anderer Sprachen und Kulturen in Russland.

Die russische Gesellschaft wird oft als »postfaktisch« beschrieben, als eine Gesellschaft, die schon so sehr daran gewöhnt ist, belogen zu werden, dass sie kein Interesse mehr daran hat, die Wahrheit zu erfahren, bzw. auch gar nicht mehr daran glaubt, dass sich diese identifizieren ließe. Deshalb funktionieren die immer haltloser werdenden Behauptungen in den staatlichen Medien auch so gut. Denn selbst wenn man diesen Propagandabotschaften nicht glaubt, haben sie ihre Wirkung: Nicht wenige, die an der staatlichen Propaganda zweifeln, sind desillusioniert und misstrauisch, sie glauben auch keinen anderen Darstellungen mehr, so dass die Propaganda neutral erscheint – genauso gelogen wie alles andere. Viele entscheiden sich dafür, die politische Realität zu verdrängen, man lenkt sich lieber ab, statt etwas zu hinterfragen. Die Erzählungen von nationaler Größe und sowjetischen Helden bieten die ideale Ablenkung von realen Problemen. Deshalb kann Kunst bereits als oppositionell wahrgenommen werden, wenn sie auf die Fakten hinweist, wenn sie die Realität ohne ideologische Verzerrung spiegelt und auf soziale Probleme aufmerksam macht. Die Mehrheitsgesellschaft reagiert darauf mit Ablehnung, weil sie von der Kunst Eskapismus erwartet, eine schöne Geschichte, die ein gutes Gefühl gibt. Irina Rastorgueva erläutert dieses Phänomen am Beispiel des Theaters:

> »Vor allem bei der Vorführung von zeitgenössischen Dramen, die verschiedene soziale Probleme aufzeigen, ist das Publikum oft empört. Ich erinnere mich, wie ich aus dem Publikum hörte: ›Warum diesen Dreck im Theater zeigen?‹, ›Nehmt die Schwarzmalerei von der Bühne‹, ›Das sehen wir doch jeden Tag‹. [...] Das Publikum kann sich das nicht ansehen.«

So lassen sich, was die Themen der Gegenkultur in Russland betrifft, mehrere Richtungen ausmachen: Zum einen aktive Kritik und Einspruch gegen den politischen und kulturellen Mainstream, ein »Dagegen« (z. B. in einem Punksong gegen Repressionen), und zum anderen das Aufzeigen einer Alternative, das Schaffen und Ausprobieren von Formen und Themen, die nicht vorgesehen sind (z. B. in einem queerfeministischen Schreibprojekt). Irgendwo dazwischen befindet sich die einfache Spiegelung der Realität (z. B. in einem Theaterstück, das Armut zeigt). Manchen ist es dabei wichtiger, die

Mehrheitsgesellschaft zu erreichen und öffentliche Aufmerksamkeit für Probleme zu schaffen, anderen wiederum geht es vor allem um die eigene Community.

Diese große Vielfalt an Themen und Formen innerhalb der Gegenkultur lässt sich unmöglich systematisieren. Auch die oppositionellen Künstler*innen selbst sind sich nicht einig darüber, was »richtige« Gegenkultur ist. Obwohl man denken könnte, dass der klare gemeinsame Feind – das Putin-Regime und seine Ideologie – für mehr Einigkeit sorgen könnte als etwa in der westlichen Linken, gibt es zahlreiche Debatten und Kritik. Viele Queerfeminist*innen sehen zum Beispiel etablierte oppositionelle Künstler*innen äußerst kritisch, erzählt Kravtsova. Liberale Intellektuelle und Autoren wie Vladimir Sorokin seien zwar kritisch gegenüber Putin, aber sie würden gleichzeitig imperialistische, koloniale Werte reproduzieren. Sie seien Teil des Problems, weil sie nichts zur Veränderung der Gesellschaft und zum Abbau des imperialen Bewusstseins beitrügen. Im Westen seien vor allem weiße, privilegierte Intellektuelle sichtbar, die gegenkulturelle Werke schaffen, die Menschen im Westen ansprechen, und die sich um eine große Präsenz in den sozialen Medien bemühen. Die große Mehrheit der kritischen Künstler*innen tue das allerdings nicht und werde entsprechend außerhalb Russlands kaum wahrgenommen. So entstehe im Westen ein verzerrtes Bild von künstlerischer Opposition in Russland.

Die Kritik richtet sich auch gegen selbstdarstellerische Einzelkämpfer*innen wie den Performance-Künstler Pjotr Pawlenski. Seine Aktionen, in denen er sich unter anderem den Mund zugenäht und seinen Hodensack auf dem Roten Platz festgenagelt hat, haben viel Aufmerksamkeit erregt und Pawlenski auch im Westen bekannt gemacht. Kravtsova sieht es kritisch, dass sich hier eine Person »zu Jesus stilisiert«, statt »tatsächlich etwas zu tun«. Mit Aktionen wie denen von Pawlenski würden keine Strukturen aufgebaut und keine Diskurse verändert – und letztlich werde niemandem damit geholfen.

Feministische Aktivist*innen und Künstler*innen dagegen wollen genau das: Etwas verändern, indem sie eine sicherere Umgebung schaffen, Safe-Spaces und Communitys aufbauen. Es geht ihnen um

Pjotr Pawlenski

kleine low-key Projekte, um »uneventful protest«. Sie wollen weder berühmt noch eine Institution werden. Pussy Riot lässt sich wohl irgendwo dazwischen einsortieren: Einerseits sind die Protestperformances der Gruppe durchaus als »eventful« zu beschreiben und zumindest eines der Mitglieder betreibt in den sozialen Medien eine aufsehenerregende Selbstinszenierung. Andererseits versteht sich Pussy Riot als offenes Protestkollektiv, dem sich jede*r anschließen kann, und die bunten Balaklavas waren als ein Zeichen gegen Personenkult gedacht. Jedenfalls lässt sich nicht leugnen, dass es gerade die Radikalität und Auffälligkeit der Protestperformances von Pussy Riot, aber auch von Pawlenski und anderen, sind, die für eine Irritation des Gewohnten und Gewollten sorgen.

Gegenkultur auf eine »richtige« Form zu reduzieren, die alles mitreflektiert und die größte positive Wirkung haben soll, ist nicht möglich und wäre auch ziemlich langweilig. Gegenkultur lebt ja gerade davon, dass sie dem Mainstream eine Vielfalt entgegensetzt und sich in sich widersprüchlich gegen die staatlich propagierte Politik, Ideologie und Kultur richtet. Das bedeutet auch, dass Gegenkultur in ihrer breiten Definition nicht gleichbedeutend ist mit künstlerischer linker Regierungskritik, die darauf achtet, niemanden zu diskriminieren. Es gibt Themen und Formen, die im Widerspruch zur Mainstream-Kultur stehen, ohne dass sie emanzipatorisch wären. Zum Beispiel, weil sie in den Augen der russischen Regierung ein Tabuthema darstellen.

Zu diesen Tabuthemen, die zwar auch in weniger autoritären Gesellschaften für Skandale sorgen können, die aber in Russland besonders oft Anlass für Konzertverbote oder die Sperrung von Inhalten sind, gehören Sex, Drogen und Suizid. Besonders rigoros reagieren die Behörden bei der Thematisierung von Drogen und Selbstmord, zum Beispiel in Liedtexten. Das ist einerseits verständlich, da beides ein großes Problem in Russland darstellt und es sicher richtig ist, Prävention zu betreiben. Durch die Tabuisierung und Kriminalisierung solcher Themen in kulturellen Erzeugnissen wird andererseits aber auch eine ernsthafte Auseinandersetzung in Filmen oder Romanen erschwert und ein eher langweiliger Rapsong wird schnell zum Skandal, weil darin Drogenkonsum angedeutet wird.

Beim Thema Sex kommt es dagegen auf den Kontext an. Sex ist nur dann tabuisiert, wenn er losgelöst von Liebe, Romantik und Familie dargestellt wird. Und natürlich, wenn er nicht hetero ist. Pornographie gehört jedenfalls zu den stärksten Empörungsschlagwörtern der russischen Behörden, wenn es darum geht, Inhalte zu verbieten und Künstler*innen zu diskreditieren, denn was könnte lauter »Verrat der traditionellen Familie« schreien als Sex, der von jeglichem Kontext losgelöst ist?

Interessant ist in diesem Zusammenhang auch die in Russland viel verwendete Schimpfsprache »Mat«, die aus den vier Grundwörtern chui (Schwanz), pisda (Fotze), jebat (ficken) und bljad (Hure) ein vielfältig einsetzbares Vokabular geschaffen hat, mit dem sich ganze Unterhaltungen führen lassen. Die Mat-Ausdrücke gehören für viele Russ*innen zur Alltagssprache und haben ihre direkte sexuelle Bedeutung verloren, sie dienen vor allem dem Ausdruck starker Emotionen und Aggressionen, wie Wassili Chimik auf *Dekoder* schreibt, einer Plattform, die unabhängigen russischsprachigen Journalismus ins Deutsche übersetzt und Fachwissen zu Russland und Belarus bündelt. Im offiziellen Diskurs gilt Mat allerdings als unfein, als »Sprache der sozialen Unterschicht«, so Chimik, obwohl sie in bestimmten Situationen, zum Beispiel bei großem Ärger oder großer Freude, quer durch alle Gesellschaftsschichten verwendet wird. Die Regierung Putin hat den Gebrauch von Mat weiter tabuisiert und mit Gesetzesänderungen aus den Jahren 2013 und 2014 die Verwendung von Mat-Ausdrücken in den Medien unter Strafe gestellt. Auf *Dekoder* schreibt dazu Daniel Bunčić:

>**»Bücher, Tonträger und Filme, die Mat-Ausdrücke enthalten, dürfen nur in versiegelter Verpackung mit einem Warnhinweis verbreitet werden. Das gilt sogar für maskierte Wörter wie ›ch…‹ oder ›p***a‹. Subversive Kunst, die den Mat als Ausdrucksmittel benutzt, rutscht damit weiter in die Illegalität.«**

Mat wird von einigen oppositionellen Künstler*innen verwendet, zum Beispiel von Rapper*innen, Rockmusiker*innen oder auch von Schriftsteller*innen wie Vladimir Sorokin, dessen Bücher stets mit einem »Ab 18«-Aufdruck versehen sind. Die Verwendung der »obszönen« Mat-Ausdrücke ist, genau wie die Thematisierung von Drogenkonsum und Pornographie, ein Tabubruch, der sich gegen den politisch-kulturellen Mainstream mit seiner Fokussierung auf Familienwerte und ein produktives Leben für die Gemeinschaft richtet. Trotzdem sind die entsprechenden Lieder, Filme und Texte nicht unbedingt als emanzipatorisch oder als Kritik an der Regierung zu bewerten.

RECHTE GEGENKULTUR

Auch einige Beispiele für rechte Gegenkultur lassen sich in Russland finden, Künstler*innen, die sich zwar gegen den Mainstream und die Regierung richten – aber quasi von der anderen Seite, indem sie in ihren Werken noch radikalere konservative und autoritäre Werte und Narrative verarbeiten und teilweise von einem monarchistischen eurasischen Imperium unter russischer Führung träumen, das über ganz Europa herrscht.

Zu den bekanntesten Figuren ultrarechter Gegenkultur in Russland gehört der Schriftsteller Eduard Limonow. Der 2020 verstorbene Autor ging zu Sowjetzeiten als Dissident ins Exil, schrieb 1976 mit *Eto ja, Editschka* (»Das bin ich, Editschka«, dt. Titel *Fuck off, Amerika*) einen Kultroman, in dem überraschend viel Sex zwischen Männern – und Hass auf Frauen – vorkommt, und kehrte in den neunziger Jahren nach Russland zurück. 1993 gründete er dort die berüchtigte Nationalbolschewistische Partei, der auch der Faschist Alexander Dugin angehörte und deren Erkennungszeichen eine rot-weiße Hakenkreuzfahne war, auf der das Hakenkreuz durch Hammer und Sichel ersetzt ist. 2005 wurde die Oppositionspartei vom russischen Staat verboten. Limonow, zu dessen Einflüssen neben faschistischem Gedankengut auch die Literatur der russischen Avantgarde und der Punk gehören, veröffentlichte bis zu seinem Tod weiter Prosa, Gedichte und Artikel. In ihrem Nachruf auf Limonow schrieb Kerstin Holm in der *FAZ*, dass er »auch im biblischen Alter noch ein Idol für viele rebellische Jugendliche« war, also weiter als gegenkulturelle Figur funktionierte. Noch 2018 bestand Limonow im Gespräch mit dem Youtuber Juri Dud darauf, »viel radikaler als Putin« zu sein.

So wie sich einige von Limonows Texten durchaus dem literarischen Underground zurechnen lassen, finden sich weitere Beispiele von Künstler*innen, die zwar mit radikalen, experimentellen Formen arbeiten, die dem künstlerischen Mainstream entgegenstehen, aber gleichzeitig extrem konservative und antiliberale Inhalte in ihren Werken transportieren. Dazu gehört die in den neunziger Jahren aktive Kunstbewegung der Neoakademisten, die, was die verwendete Formsprache angeht, zwar innovativ wirkten, sich aber inhaltlich gegen »westliche Einflüsse« richteten, Orthodoxie und Monarchie befürworteten und »einen immer reaktionäreren nationalistischen Konservatismus« pflegten, wie Lena Jonson schreibt.

Der bildende Künstler Aleksej Beljaev-Gintovt war laut Jonson der radikalste unter den Anhänger*innen des Neoakademismus, er blieb auch in den 2000er Jahren dem Stil treu und verbreitete mit seiner Kunst die »politische Botschaft einer radikal konservativen autoritä-

ren Utopie«, die »Visionen von einem zukünftigen russischen eurasischen Weltreich« enthält und damit »weit über den offiziellen konservativen Konsens hinausreicht«. Mit diesen radikalen politischen
Ansichten »war er in den 2000er Jahren in der Kunstszene nahezu
alleine«, betont Jonson. Dass Beljaev-Gintovt 2008 dennoch den wichtigen und hochdotierten Kandinsky-Kunstpreis erhielt, erscheint im
Rückblick wie ein Vorzeichen darauf, wie stark der Mainstream in den
folgenden Jahren nach rechts rückte.

Den Angriffskrieg auf die Ukraine kommentierte Beljaev-Gintovt
übrigens im Mai 2022 in *The Art Newspaper* damit, dass er es für notwendig halte, alle Spuren des »Nazi-Regimes« in Kyjiw »vom Ange-
sicht der Erde zu tilgen«. Die Auswanderung vieler russischer Künstler*innen nach Beginn der Invasion begrüßt er ebenfalls:

> **»Das Land, die Zeit, der Kontinent, die Winde Eurasiens, der Mond
> und die Sonne Eurasiens haben sie verstoßen. Eine totalitäre Sekte
> von der zerstörerischen Art ist dabei, uns zu verlassen, und wir
> fangen an, uns selbst zu verstehen. Niemand bedroht uns mehr.
> Die Diktatur des liberalen Denkens hat sich aufgelöst wie der
> Morgennebel. Die Sonne Eurasiens ist über uns aufgegangen.«**

Das Schlimmste daran ist wohl nicht einmal, dass er das tatsächlich
ernst meint, sondern wie wenig solche absurden Aussagen sich noch
von offiziellen Propagandabotschaften des Putin-Regimes unterschei-
den lassen, die – wenn auch mit weniger blumigen Formulierungen – inhaltlich sehr Ähnliches aussagen. Spätestens seit Beginn des
Angriffskrieges lässt das Putin-Regime rechts vom politischen Mainstream wenig Platz.

Doch schon mindestens seit 2014 lässt sich ein permanenter
Drift nach rechts in der staatlichen Ideologie und, damit verbunden,
in der Mainstream-Kultur beobachten. Manchmal liest man, dass
vormals gegenkulturelle oder oppositionelle Autor*innen und Künstler*innen sich Putin angenähert hätten. Genauso lässt sich sagen, dass
sich die Ideologie des Putin-Regimes der radikal rechten Opposition

angenähert hat, dass rechte Gegenkultur immer mehr zum Mainstream geworden ist.

Über den rechten Schriftsteller und Limonow-Anhänger Zachar Prilepin etwa schreibt Jonson, dass er »nach Jahren des Kampfes gegen das Regime 2014 ins Lager des Kreml wechselte«. Aber das eben nicht unbedingt, weil seine eigenen Ansichten weniger radikal geworden wären. Der Staat öffnete sich mehr und mehr in Richtung solcher Ansichten. Doch zufrieden mit der staatlichen Kulturpolitik war Prilepin, der zwischenzeitlich in Kampfmontur Propagandavideos im Donbas drehte, offensichtlich noch nicht. Er gründete 2017 zusammen mit weiteren rechten Künstler*innen und Schriftsteller*innen den »Russischen Kunstverband«, der sich über »mangelnde staatliche Förderung patriotischer Kunst beklagt«, wie Jonson schreibt. Prilepin scheint aber dennoch voll im Mainstream angekommen zu sein, denn 2018 wurde er zum stellvertretenden Leiter des Gorki-Künstlertheaters in Moskau ernannt. »Prilepin verkündet derweil, man plane keine Revolutionen, wolle das Theater aber noch konservativer machen«, schreiben Nina Friess und Konstantin Kaminskij auf *Dekoder*.

Rechte Gegenkultur in Russland kann in der aktuellen politischen Situation nur noch als eine Scheinrebellion rechtsradikaler Künstler*innen verstanden werden, die sich in Wirklichkeit längst auf einer Linie mit dem Regime befinden bzw. diesem als Stichwortgeber*innen dienen, wenn es darum geht, das Ziel eines imperialen, von feindlichen Einflüssen gereinigten russischen Führerstaats, der in den Kampf gegen alles Liberale zieht, konkreter zu fassen.

DER KRIEG ÄNDERT ALLES

Der 24. Februar 2022 hat nicht nur zu einer weiteren Radikalisierung des Mainstreams in Russland geführt, auch für den liberalen, linken Teil der russischen Kulturlandschaft hat sich mit diesem Tag alles geändert. Plötzlich gab es nur noch ein Thema: den Krieg. Regierungskritische Kunst zu machen wurde sehr viel gefährlicher und gleichzeitig waren alle Kulturschaffenden nun gezwungen, sich zu positionieren: entweder den Angriffskrieg und die dazugehörige Ideologie mitzutragen – mit aktiver Zustimmung oder durch Schweigen – oder sich klar dagegenzustellen und sich damit für das Ende des eigenen künstlerischen Schaffens in Russland zu entscheiden. Im Zuge dieser Entwicklungen wurden einige Repräsentant*innen des staatlichen Kulturbetriebs zu gegenkulturellen Akteur*innen – und manche Punkmusiker*innen zu Hurra-Patriot*innen.

Es gibt Angehörige des staatlichen Kulturbetriebs, die sich unmittelbar nach Beginn der Invasion von diesem lossagten. Die Theaterregisseurin Elena Kovalskaya zum Beispiel trat noch am 24. Februar von ihrem Posten als Leiterin des staatlichen Meyerhold-Theaters in Moskau zurück und schrieb auf Facebook: »Es ist unmöglich, für einen Mörder zu arbeiten und von ihm bezahlt zu werden.« Kurz darauf wurde ein offener Brief gegen den Krieg ins Netz gestellt, den innerhalb weniger Tage circa 18.000 russische Künstler*innen und Kulturschaffende unterzeichneten. Die große Zahl der Unterzeichner*innen zeigt, dass mit dem Angriff auf die Ukraine für viele eine rote Linie überschritten wurde und nicht nur diejenigen, die bereits zuvor offen Kritik an Putin geäußert haben, bereit waren, öffentlich Stellung zu beziehen. Der Brief beklagte allerdings nicht nur die Grausamkeit des Krieges, sondern fokussierte sich vor allem auf die Folgen von Russlands internationaler Isolation für den Kulturbetrieb. »Alles, was in den letzten 30 Jahren auf kultureller Ebene erreicht wurde, ist nun in Gefahr. Es wird fast unmöglich sein, unter solchen Umständen Kunst und Kultur zu betreiben«, heißt es im Brief. Es ist anzunehmen, dass die Mehrzahl der Unterzeichner*innen nicht plant, von nun an politische Kunst im Untergrund zu machen, und es bevorzugen würde, den Kulturbetrieb von vor Kriegsbeginn wiederherzustellen, der zwar von der Regierung ideologisch instrumentalisiert wurde, aber einen gewissen Spielraum bot für milde Kritik und internationalen Austausch.

Der Brief stand nur ein paar Tage online, bevor ein neues Mediengesetz eingeführt wurde, das jede Äußerung zum Krieg, die von der offiziellen Darstellung (»Spezialoperation« im Kampf gegen den Nazismus) abweicht, unter Strafe stellt. Um die Unterzeichner*innen zu schützen, wurden der Brief und die Unterschriften kurze Zeit später wieder gelöscht. Die *Moscow Times* und andere Quellen berichten von Fällen, in denen Kulturschaffende dennoch aufgrund ihrer Unterschrift ihren Job verloren haben. Die starke Forcierung von Repressionen, auf die ich im nächsten Kapitel noch genauer eingehen werde, und die öffentliche Stimmungsmache gegen Kriegsgegner*innen führten bei kritischen Künstler*innen zu verschiedenen Reaktionen: Einige äußern sich nicht mehr politisch oder haben sich angepasst, um sich nicht in Gefahr zu bringen. Ein paar wenige weigern sich trotz hoher persönlicher Risiken, wie Jobverlust oder Haftstrafen, zu schweigen. Sie drücken in ihrer Kunst Protest gegen die Regierung aus, zum Beispiel bei Anti-Kriegs-Performances im öffentlichen Raum, um den durch staatliche Propaganda forcierten Konsens zu stören oder zumindest anderen Putin-Gegner*innen zu zeigen, dass sie nicht allein sind. Die meisten allerdings dürften ins Ausland gegangen sein, wo sie sich in aller Deutlichkeit gegen das Regime stellen können.

Zu letzterer Gruppe gehören auch sehr erfolgreiche und bekannte Musiker*innen, die ihre große Reichweite in den sozialen Medien für Anti-Kriegs-Botschaften nutzen. Der Rapper Oxxxymiron zum Beispiel sagte sechs ausverkaufte Konzerte in Russland ab:»Ich kann euch nicht unterhalten, wenn russische Raketen auf die Ukraine abgefeuert werden, wenn die Bewohner von Kyjiw sich in Kellern und der Metro verstecken müssen, wenn Menschen sterben«, erklärte er in einem Video auf Instagram. Und Boris Grebenschtschikow, Sänger der Band Aquarium, der zu den Rockgrößen der Perestroika-Zeit gehört und noch immer Musik macht, schrieb auf Facebook:»Dieser Krieg ist wahnsinnig und eine Schande für Russland.«

Bei vielen Künstler*innen im Exil lag der Fokus in den ersten Monaten seit Beginn des Angriffskrieges vor allem darauf, die Menschen in der Ukraine zu unterstützen und der russischen Propaganda etwas entgegenzusetzen. Musiker*innen wie die Rapper Oxxxymiron, Noize MC und FACE, die Punkband Pornofilmy oder die Sängerin

Monetochka haben in verschiedenen europäischen Ländern Benefizkonzerte für die Ukraine gegeben. Sie und viele andere teilen auch Informationen über den Krieg in den sozialen Medien, um Menschen in Russland zu erreichen, die noch nicht komplett vor der Propaganda kapituliert haben. Nadeschda Tolokonnikowa von Pussy Riot, die derzeit in den

Oxxxymiron, Benefizkonzert in Berlin, 2022

USA lebt, half dabei, eine Plattform ins Leben zu rufen, mit der laut *Time Magazine* innerhalb einer Woche über 30 Millionen Dollar Spenden in Kryptowährung für die Ukraine gesammelt werden konnten.

Der Angriffskrieg hat die meisten anderen Themen aus der Gegenkultur verdrängt. Anfangs waren es vor allem klare, einfache Botschaften, die sich gegen den russischen Angriff richteten bzw. Unterstützung ausdrückten, zum Beispiel Graffiti oder Memes, die sich auf ein »Net woine« (»Nein zum Krieg«) oder »Slawa Ukrajini« (»Ruhm der Ukraine«) beschränkten. Nachdem der erste Schock und die damit verbundene Sprachlosigkeit sich gelegt hatten, wurden die Botschaften komplexer, Lieder und Gedichte gegen den Krieg entstanden. Mittels Performances im öffentlichen Raum und Street Art versuchte man, auf die russischen Kriegsverbrechen aufmerksam zu machen, die von der staatlichen Propaganda verschwiegen oder der Ukraine angelastet wurden.

Künstler*innen begannen außerdem, in ihren Werken die Ursachen des Krieges genau zu analysieren und sich zu fragen, wie es so weit kommen konnte – und welche Verantwortung ihnen als Russ*innen zukommt, auch wenn sie selbst Putin und seine Politik zu keiner Zeit unterstützt haben. In Gedichten und Essays, wie sie zum Beispiel beim Onlinemedium *ROAR* (*Russian Oppositional Arts Review*) oder in Telegramkanälen veröffentlicht werden, ist eine Suche nach der eigenen Rolle als russischer oppositioneller Künstler*in zu beobachten: Was kann und sollte man tun, um vielleicht etwas zu ändern? Was bedeutet es in dieser Situation, Russ*in zu sein, wie verändert sich die Wahrnehmung der eigenen Identität? Anders als man es etwa in der linken Gegenkultur in Deutschland kennt, wo Begriffe wie Heimat, nationale Identität und Patriotismus intensiv kritisiert werden, gibt es bei nicht wenigen oppositionellen Künstler*innen in Russland trotz allem die Tendenz einer gewissen Heimatverbundenheit, die streng zwischen dem Land und dem Putin-Staat unterscheidet. Nicht selten hört man deshalb von Regierungskritiker*innen Aussagen wie: »Ich liebe mein Land, aber *das* (die Regierung, den Krieg, eine bestimmte Maßnahme etc.) kann ich nicht unterstützen.« Der Bezug auf die Heimat ist dabei kein politischer, sondern funktioniert über Kultur, Sprache, Landschaft, Kindheitserinnerungen etc. Solche Identitätsfragen stehen seit Beginn des Krieges allerdings vermehrt auf dem Prüfstand, in Teilen der Opposition werden auch scheinbar harmlose oder unpolitische Formen von Heimatverbundenheit hinterfragt und der imperiale Charakter Russlands und die koloniale Geschichte des Landes intensiv reflektiert und analysiert. Dabei wird bei einigen der Wunsch laut, sich zurückzunehmen und vor allem ukrainischen Stimmen Raum zu geben. So schreibt der Autor Dmitry Kuzmin bei *ROAR*:

> **»Ich fürchte, ich habe heute nichts zu sagen. Wenn ein Schriftsteller über die Ukraine spricht – vor allem in diesen Tagen –, dann lenkt er von der Stimme der Ukraine selbst ab. Paradoxerweise tut er das auch, wenn er von etwas anderem, wenn er von sich selbst spricht.«**

Die Solidarität mit der Ukraine steht für die meisten selbstverständlich an erster Stelle, gleichzeitig reflektieren die Künstler*innen in ihren Werken auch die Verhältnisse in Russland selbst und prangern in ihren Texten, Bildern, Posts, Liedern und Performances die Entwicklung des Landes hin zur Diktatur an, solidarisieren sich mit politischen Gefangenen und kritisieren die Teilmobilmachung, die Putin im September 2022 verkündete. Neben Solidarität und Protest finden sich in den aktuellen gegenkulturellen Werken auch Versuche, die in Richtung einer möglichen Zukunft greifen. Wenig überraschend stehen dabei düstere Manifestationen von Hoffnungslosigkeit und Ohnmacht neben der Hoffnung auf ein anderes Russland, auf eine Revolution und vor allem auf Putins Ende.

Welche Themen zum Gegenstand oppositioneller Kunst in Russland werden, welche Formen die Gegenkultur annimmt, welche Räume sie sich nehmen kann, hängt stark von der weiteren Entwicklung ab. Gegenkultur – und mit ihr jegliche andere Form von Opposition – ist in Russland derzeit so stark unter dem Druck von Repressionen, dass sie sich weniger denn je – zumindest seit dem Ende der Sowjetunion – frei entwickeln kann. Sie ist in der Defensive und kann nicht viel mehr tun, als zu versuchen, die Sprachlosigkeit angesichts der sich überschlagenden Ereignisse zu überwinden und nach Möglichkeiten zu suchen, irgendwie weiterzumachen, obwohl das Regime alles dafür tut, jeglichen Ausdruck von Kritik zu unterdrücken. Eine offensive, das Regime provokativ herausfordernde Gegenkultur kann derzeit wohl nur im Exil entstehen. Für viele oppositionelle Künstler*innen dürfte für längere Zeit im Vordergrund stehen, sich und Gleichgesinnte zu schützen, zusammenzuhalten und nicht aufzugeben.

Staatliche Repressionen waren ohne Zweifel auch schon vor Beginn des Angriffskrieges ein großes Problem für gegenkulturelle Akteur*innen in Russland. Spätestens seit es der Fall Pussy Riot im Jahr 2012 international in die Schlagzeilen geschafft hat, sollte auch in Westeuropa den meisten klar geworden sein, wie massiv die russische Regierung gegen Protest und kritische Künstler*innen vorgeht. Die Aktion von Pussy Riot in der Christ-Erlöser-Kathedrale, ihr Punk-Gebet gegen Putin und die Verquickung von Kirche und Staat, war zwar provokativ, aber während sie in Deutschland wahrscheinlich nur etwas Empörung und eine Feuilletondebatte ausgelöst hätte, gab es in Russland einen regelrechten Schauprozess und zwei der Beteiligten wanderten ins Straflager. Diese krasse Reaktion seitens des Staates kam auch in Russland für viele unerwartet und wurde als ein deutliches Zeichen verstanden, dass das Regime dabei war, repressiver, konservativer und antiliberaler zu werden. Harte Repression haben seitdem zugenommen. Der Kunsthistoriker Andrei Erofeev schreibt, dass die Verfolgung kritischer Künstler*innen in den 2010er Jahren an Sowjetzeiten erinnert:

>**»Es ist inzwischen Routine, dass verhaftete Künstler*innen während ihrer Verhöre psychiatrisch untersucht werden, oft in einer Weise, die von vornherein darauf abzielt, sie in psychiatrische Zwangsbehandlungsprogramme einzuweisen. Es gab nächtliche Hausdurchsuchungen, Beschlagnahmungen von Kunstwerken durch den Geheimdienst und unzählige Verhaftungen durch die Polizei.«**

Aber trotz der Zunahme solcher Fälle wäre die Annahme falsch, dass solche harten Repressionen die einzige Art und Weise sind, in der der russische Staat in den letzten Jahren auf Gegenkultur reagiert hat. Nicht jede*r wurde sofort ins Gefängnis geworfen. Vielmehr war es lange ein besonderes Merkmal der staatlichen Strategie, dass in vielen Fällen nicht vorhersehbar war, welche Konsequenzen etwas haben wird und ob es überhaupt welche geben wird.

WILLKÜR

Bis zu Beginn des Angriffskrieges im Februar 2022 schienen oder waren die Reaktionen des Putin-Regimes auf kritische Kunst oft völlig willkürlich. Die einen bekamen eine lange Gefängnisstrafe, bei anderen wurde ein Konzert verboten und eine kleine Geldstrafe verhängt und bei wieder anderen passierte einfach gar nichts. Manchmal erhielt kritische Kunst sogar staatliche Förderung oder Kunstpreise.

So war nie ganz klar, was erlaubt ist und was nicht, nie ganz absehbar, welches Risiko man einging – ob man zum Beispiel für ein Kunstprojekt ins Gefängnis kommen oder im Gegenteil Fördergelder erhalten würde. Dadurch entstand ein Klima der Unsicherheit und der Angst, das wahrscheinlich effektiver zur Vorsicht und Selbstzensur vieler Künstler*innen beitrug, als es eine klare rote Linie und genau definierte Strafen je könnten.

Ein Beispiel dafür, welche absurden Züge diese Willkür annehmen konnte, ist der Umgang des Staates mit dem Performancekünstler Pjotr Pawlenski. Für seine Performance »Bedrohung« zündete Pawlenski im November 2015 die Eingangstür des Geheimdienstes FSB in Moskau an. Er wollte damit erreichen, »die Dinge beim Namen zu nennen und den Menschen ins Gedächtnis zu rufen, von welcher Organisation in Wirklichkeit eine permanente terroristische Bedrohung ausgeht«, wie Pawlenski später schrieb. Für diese Aktion, die der Künstler als Einspruch gegen »das Angstmachen als Herrschaftsmethode« verstand, wurde Pawlenski verhaftet, für sieben

Monate in Untersuchungshaft festgehalten und zu einer Geldstrafe von 500.000 Rubel verurteilt. Gleichzeitig wurde dieselbe Aktion für einen staatlichen Kunstpreis nominiert, für den vom Kulturministerium vergebenen »Innovationspreis«. Auch wenn die Nominierung schließlich ohne Begründung wieder zurückgezogen wurde, zeigt dieses Beispiel doch sehr deutlich, dass in der Reaktion des Staates auf die Gegenkultur keine nachvollziehbare Logik erkennbar ist. Für Pawlenski sind die Reaktionen des Staates Teil seiner Performances, er zielt auf die Selbstentblößung des Systems. Was die Offenlegung der Willkür im Umgang mit kritischer Kunst betrifft, ist ihm das in jedem Fall gelungen.

VERSCHLEIERTE REPRESSIONEN, SCHWAMMIGE GESETZE UND DER RECHTE MOB

Zu den Strategien des Regimes gehört auch, dass politische Repressionen nicht immer sofort als solche erkennbar sind und auf diese Weise weniger öffentliche Empörung auslösen. Der Staat sorgt dafür, dass Angriffe auf Künstler*innen auf den ersten Blick nachvollziehbar wirken, etwa indem behauptet wird, Kinder vor schädlichen Inhalten schützen zu wollen. Oder Künstler*innen werden in fingierten Fällen für etwas verurteilt, was gar nichts mit ihrer Kunst zu tun hat. So stehen unliebsame Personen öffentlich als Verbrecher*innen da und es ist schwer nachzuweisen, dass es sich dabei um politisch motivierte Urteile handelt, die oppositionelle Stimmen zum Schweigen bringen sollen.

Das bekannteste Beispiel für Letzteres ist wohl der international erfolgreiche regierungskritische Regisseur Kirill Serebrennikov, der wegen der angeblichen Veruntreuung von Geldern verurteilt wurde. Die Staatsanwaltschaft behauptete, er habe Gelder für eine Theaterproduktion erhalten, die nie zur Aufführung kam. Dass Videoaufnahmen von den Vorstellungen existieren und die Inszenierung sogar mit Preisen ausgezeichnet wurde, beeindruckte das Gericht nicht.

In anderen Fällen wurden Künstler*innen und Aktivist*innen, unter anderem Mascha Alechina von Pussy Riot, wegen der angeblichen Verletzung der Covid-19-Regelungen verhaftet und zu Arrest, Hausarrest oder Geldstrafen verurteilt.

Auch das gehört zur Unberechenbarkeit des Staates: Dass er keinen konkreten Anlass benötigt, um gegenkulturelle Akteur*innen zu verhaften und zu verurteilen. So verstärkt er die angstvolle Stimmung unter Oppositionellen. Sie sind sich bewusst, dass jede*r zur Zielscheibe werden kann. Rastorgueva schreibt dazu:

> **»Jede Geste kann als kriminell ausgelegt werden, jedes Wort kann das letzte Wort sein. Jedem können Drogen, Waffen oder extremistische Literatur untergeschoben werden. Jeder kann der Herstellung von Kinderpornografie oder des Terrorismus beschuldigt werden. Die einzige Logik, der die Behörden folgen, besteht darin, Präzedenzfälle zu schaffen.«**

Doch in vielen Fällen ist es nicht einmal nötig, jemandem etwas unterzuschieben, um eine Verurteilung oder ein Verbot zu erreichen. Denn viele Gesetze in Russland sind schwammig formuliert. So lassen sich Gesetze ganz unterschiedlich auslegen und dem jeweiligen Fall anpassen, was das Verbot von Musikstücken, Büchern oder Websites und die Verhaftung unliebsamer Künstler*innen enorm erleichtert. Man muss lediglich ein Gesetz finden – oder gleich neu schaffen –, das sich auf den Fall passend auslegen lässt. Per Gesetz verboten ist beispielsweise die Verbreitung von Pornographie, von extremistischen Inhalten und von Fake News. Im Jahr 2021 wurde der oppositionelle Blogger und Aktivist Andrey Borovikov wegen der Verbreitung von Pornographie zu zweieinhalb Jahren Haft verurteilt, weil er in den sozialen Medien ein Musikvideo von Rammstein geteilt hatte. Tausende andere hatten das Video ebenfalls geteilt, wurden aber nicht belangt.

Verboten sind laut russischem Gesetz außerdem die »Verletzung religiöser Gefühle«, die »Missachtung der Macht« und neuerdings die »Diskreditierung der Armee«. Das Verbot der Verletzung religiöser Gefühle ist besonders praktisch für die Behörden. Denn während etwa bei der Verbreitung von Pornographie für diese noch ein Beweis vorgelegt werden muss (zum Beispiel ein freizügiges Musikvideo), ist das bei verletzten Gefühlen nicht nötig, wie Erofeev schreibt:

>**»Es reicht aus, wenn ein Bürger behauptet, dass die Aufführung einer Performance oder die Eröffnung einer Ausstellung irgendwo in einer anderen Stadt seine Gefühle verletzt hat, damit die Staatsanwälte ihm glauben. Es sind keine gerichtsmedizinischen Untersuchungen erforderlich.«**

Die LGBTQ-Aktivistin, Künstlerin und Theatermacherin Yulia Tsvetkova gehört auch zu denjenigen, die auf der Basis unklar formulierter Gesetze vom russischen Staat schikaniert wurden. Tsvetkova kommt aus Komsomolsk am Amur, einer Stadt im fernen Osten Russlands mit 260.000 Einwohner*innen, wo sie ein Kinder- und Jugendtheater gegründet hat. Im März 2019 wurde ein von Tsvetkova organisiertes Kinderfestival auf Druck der Behörden abgesagt. Der Vorwurf lautete, ein Theaterstück gegen Gendersterotype würde Männerhass und »nichttraditionelle Familienbeziehungen« anpreisen und damit gegen das sogenannte »Gesetz gegen homosexuelle Propaganda« verstoßen. Die Polizei verhörte nicht nur Tsvetkova, sondern auch einige der mitwirkenden Kinder. Seitdem haben die Behörden Tsvetkova nicht in Ruhe gelassen, eine Hausdurchsuchung, mehrere Strafverfahren, Geldstrafen folgten. Im November 2019 wurde sie schließlich verhaftet und unter Hausarrest gesetzt, weil sie angeblich illegal Pornographie verbreitet hatte. Anlass war, dass Tsvetkova in einer Gruppe im sozialen Netzwerk VKontakte dazu aufgerufen hatte, künstlerische Darstellungen von Vulven zu posten. Damit wollte sie gegen die Tabuisierung des weiblichen Körpers protestieren. Gegenstand des Prozesses gegen die Künstlerin waren auch Tsvetkovas eigene Zeichnungen: Stilisierte Darstellungen von nackten oder halbnackten Frauen mit kurzen Texten wie »Frauen haben Haare am Körper – das

ist normal« oder »Frauen haben Körperfett –
das ist normal«. Die bodypositiven Zeichnungen sind witzig und treffend und wirken
weder sonderlich provokant noch unge-
wöhnlich. Die Anklage forderte eine mehr-
jährige Haftstrafe für Tsvetkova, doch im Juli
2022 wurde sie überraschend freigesprochen.

Zeichnung von Julia Tsvetkova

Der Fall Tsvetkova ist ein Beispiel dafür,
welche Energie die russischen Behörden in
die Schikanierung von kritischen Künstler*innen und Aktivist*innen stecken, oft über
Jahre hinweg. Dass dabei in diesem Fall nicht
die geforderte Gefängnisstrafe herauskam, ist
keineswegs eine Niederlage für das Regime.
Denn mit Hausarrest, Reisebeschränkungen, zahlreichen Vorladun-
gen, hohen Anwaltskosten, Geldstrafen und der Angst vor der drohenden Haft dürften sie Tsvetkova das Leben erfolgreich schwer gemacht
und ein deutliches Zeichen in Richtung anderer queerfeministischer
Künstler*innen gesendet haben.

Doch nicht immer müssen die staatlichen Behörden selbst tätig
werden, um unliebsame Personen zu schikanieren. Ein großer Teil
der Repressionen in Russland geht nicht direkt vom Staat aus, sondern von Gruppen Rechtsradikaler oder orthodoxer Christ*innen.
Diese fühlen sich entweder aufgrund der staatlichen Stimmungsmache gegen queere oder nicht ausreichend patriotische Menschen
dazu legitimiert, auf eigene Faust zu handeln, oder sie werden sogar
von staatlicher Seite beauftragt, wie sich aufgrund des orchestrierten
Charakters vieler Aktionen vermuten lässt. Sie erledigen für den Staat
die Drecksarbeit und helfen ihm nicht nur dabei, kritische Künstler*innen einzuschüchtern und gegenkulturelle Veranstaltungen zu
verhindern, ohne dass sie dafür den Vorwand eines Gesetzesbruchs
bräuchten, sondern sorgen gleichzeitig auch dafür, dass man den
staatlichen Behörden keinen Vorwurf machen kann, da sich diese
nicht als Urheber der Repressionen ausmachen lassen.

Dieser staatlich legitimierte Mob stört Aufführungen, verwüstet Ausstellungen, beschmiert Kunstwerke, bewirkt mit Bombendrohungen die Absage von Veranstaltungen, greift Künstler*innen körperlich an oder initiiert Hetzkampagnen gegen sie. Der Kunsthistoriker Andrei Erofeev beschreibt ein frühes Beispiel einer solchen Hetzkampagne: Der Künstler Avdei Ter-Oganyan zeigte 1999 in einer Moskauer Ausstellungshalle eine Performance, in der Fotografien von Ikonen mit einer Axt zerhackt wurden. »Der Künstler wollte die Heuchler, die sich erst gestern das Kreuz umgehängt haben, daran erinnern, dass nur zwanzig oder dreißig Jahre zuvor das gesamte sowjetische Volk an der massenhaften Zerstörung von Kircheneigentum mitgewirkt hatte«, schreibt Erofeev. Rechte Gruppen griffen die Empörung einiger Besucher*innen auf und begannen Falschinformationen über den Künstler zu verbreiten, woraufhin Priester ihre Gemeinden zu Massenprotesten aufriefen, das Staatsfernsehen einen verleumderischen Film über den Künstler zeigte und Petitionen gegen ihn gestartet wurden, die Tausende Menschen unterzeichneten, die seine Kunst nie gesehen

Avdei Ter-Oganyan,
Performance 1999

hatten. Ter-Oganyan wurde schließlich angeklagt, weil seine Performance willentlich Hass zwischen religiösen Gruppen geschürt haben soll.

Ähnliche Hetzkampagnen gab es seitdem Dutzende. Im Jahr 2006 traf es Erofeev selbst, der zusammen mit Juri Samodurow die Ausstellung *Verbotene Kunst 2006* kuratierte. In der Ausstellung wurden all die Kunstwerke zusammengetragen, die im Laufe des Jahres von Kurator*innen, Galerist*innen und Museumsdirektor*innen wegen ihres heiklen Gehalts wieder aus Ausstellungen entfernt worden waren – etwa, weil sie politische Kritik oder religiöse Symbolik enthielten. Damit sollte gezeigt werden, wie unfrei die Kunst in Russland auch ohne eine offizielle Zensur ist. Orthodox-nationalistische Aktivist*innen der Organisation Volkskirche kamen in die Ausstellung, fotografierten die Kunstwerke, zeigten die Bilder in Kirchengemeinden herum – und brachten Gläubige dazu, Erklärungen zu unterschreiben, dass sie sich von den Werken beleidigt fühlten. Diese Erklärungen wurden Gegenstand des anschließenden Prozesses gegen die Kuratoren Erofeev und Samodurow, der in dem Buch *Verbotene Kunst. Eine Moskauer Ausstellung* von Wiktoria Lomasko und Anton Nikolajew ausführlich dokumentiert ist.

Laut Erofeev ist es schwer nachzuweisen, dass der Staat hinter solchen Aktionen steckt bzw. an ihnen beteiligt ist oder sie gutheißt. Normalerweise tritt dieser erst dann in Erscheinung, wenn die Debatte bereits im Gange ist – und inszeniert sich mitunter als milde, wie die Ereignisse um eine Serie von Konzertverboten im Herbst 2018 zeigen, die auch noch eine ganz andere Strategie der Regierung sichtbar werden lassen.

ANEIGNUNG UND VEREINNAHMUNG

Repressionen und die Erzeugung eines Klimas der Angst waren in den vergangenen Jahren nicht die einzigen Reaktionen des russischen Staates auf kritische Kunst. Dazu kamen verschiedene Versuche, sich Gegenkultur anzueignen und zu vereinnahmen. Die Geschehnisse um die Konzertverbote von 2018 zeigen deutlich, wie diese Strategie funktioniert. Damals wurden etwa 40 Konzerte in verschiedenen Regionen Russlands verboten, weil Gruppen von sogenannten »empörten Eltern« gefordert hatten, Minderjährige vor Musik zu schützen, die Drogen, Selbstmord und Extremismus verherrliche. Betroffen waren davon nicht nur oppositionelle Musiker*innen, sondern ganz verschiedene Künstler*innen, die bei jungen Leuten beliebt sind, vor allem aus den Bereichen Elektro und Rap. Sogar der populäre und nicht für Regierungskritik bekannte Rapper Husky, der die Annexion der Krim befürwortete und als Unterstützer Prilepins gilt, wurde zur Zielscheibe, weil seine Lieder angeblich »Aufrufe zu Selbstmord und Gewalttaten, extremistische Aussagen und die Propagierung von Drogenkonsum« enthielten, so die zuständige Staatsanwaltschaft.

Die Verbote folgten in den verschiedenen Regionen immer dem gleichen Muster, waren also wohl nicht die spontanen Initiativen von Eltern, als die sie sich darstellten. Aber der Staat leugnete jede Beteiligung und nutzte die Ereignisse im Gegenteil dazu, sich als milder Vermittler zu inszenieren. Putin sprach sich sogar öffentlich gegen die Konzertverbote aus und Rapper wurden zu einem runden Tisch im Kreml eingeladen. Putin verkündete dabei seine neue Strategie und erklärte: »Wenn man eine Bewegung nicht stoppen oder verbieten kann, muss man sich an ihre Spitze stellen.« Statt Rap zu verbieten, sollten Rapper dazu gebracht werden, Lieder über ein drogenfreies Leben zu singen. Es kam in diesem Zusammenhang auch zu einem absurden Auftritt im russischen Staatsfernsehen: Der Nachrichten-Host Dmitri Kisseljow, der als Russlands Chefpropagandist gilt, sagte, dass die Annahme, Rap entstamme der schwarzen amerikanischen Kultur, nicht ganz richtig sei. Der Vorläufer des russischen Raps sei natürlich der sowjetische Dichter Wladimir Majakowski. Kisseljow rappte anschließend sogar noch einige Majakowski-Verse, die von einem Beat unterlegt wurden.

Hier wurde also versucht, Rap von seinem subversiven Potential zu befreien und ihn gleichzeitig als patriotisch und ur-russisch (frei von jeglichen westlichen Einflüssen!) umzudeuten, so dass er der staatlichen Vorstellung von Kultur entsprach. Ein Verbot von Rap wäre den staatlichen Kulturpolitiker*innen wohl lieber gewesen, aber wahrscheinlich war man zu der – realistischen – Einschätzung gekommen, dass Rapmusik zu beliebt unter jungen Leuten ist, als dass man sie wirkungsvoll bekämpfen könnte.

Diese Ereignisse sind nur ein besonders deutliches Beispiel für eine allgemeine Tendenz, die in den letzten Jahren in Russland zu beobachten ist: Kunstformen und Musikstile, sogar bestimmte kontroverse Inhalte, die vielleicht einmal subversiv waren, werden vom Mainstream angeeignet, umgedeutet und in einem gelenkten Rahmen reproduziert, was die Illusion von Pluralität und Offenheit erzeugt. Denn um ein solches Bild des russischen Staates war man bis zur Eskalation im Februar 2022 durchaus bemüht: Eine freundliche Autokratie, die sehr wohl abweichende Meinungen zulässt und sogar kritische Kunst – solange sie sich an die Gesetze hält und nicht etwa religiöse Gefühle verletzt oder die traditionelle Familie zu zerstören sucht.

Gleichzeitig sollte der Gegenkultur der Wind aus den Segeln genommen werden, indem ihre innovativen, avantgardistischen, hippen Formen, die gut bei jungen Leuten ankommen, verwendet werden, um konservative, regierungstreue Inhalte zu verbreiten. Erofeev spricht von einer patriotischen Pseudo-Avantgarde: »Viele Techniken und Motive sind aus der zeitgenössischen Protestkunst übernommen worden.« Anders als in der Sowjetunion, wo es einen von der Regierung vorgeschriebenen Stil gab, sind jetzt alle Stile erlaubt:

>**Der Hauptunterschied besteht in der Ablehnung eines einheitlichen staatlichen Kunststils und in der Anerkennung vieler verschiedener Formen ›patriotischer Kreativität‹. Ihre ästhetische Komponente kann fast avantgardistisch anmuten, in Gestalt von Performances, Installationen, Graffiti, Rap, Punkrock usw.«**

Das Ziel einer solchen Strategie besteht darin, sich alle Alternativen zu eigen zu machen – und so jede wirkliche Alternative zu verhindern. Diese Strategie führt in jedem Fall dazu, dass es teilweise nicht leicht zu erkennen ist, was tatsächlich die Kriterien von Gegenkultur erfüllt und was nicht. So gibt es heute sogar Punkbands auf Regierungslinie – zum Beispiel die 1989 gegründete Band Purgen, eine sogenannte »Punklegende«, die 2004 noch »Stoppt das System … stoppt alle Kriege« sangen, sich in den letzten Jahren dann nationalistisch und homophob äußerten, im Februar 2022 euphorisch die »neue Epoche« begrüßten und regelmäßig auf der annektierten Krim auftreten. Daher ist es sinnvoll, Gegenkultur in Russland stärker über ihren Inhalt zu definieren und weniger über ihre Form.

VERSCHÄRFUNG DER SITUATION SEIT BEGINN
DES ANGRIFFSKRIEGES

Seit dem 24. Februar 2022 bemüht sich das Putin-Regime nicht mehr darum, den Schein zu wahren. Harte Repressionen wie Haftstrafen für Oppositionelle, Misshandlungen durch Sicherheitskräfte, inoffizielle Listen mit unerwünschten Künstler*innen, Verbote und Sperrungen von Inhalten sind nun die neue Normalität. Die Spielräume, die trotz allem in den letzten Jahren noch vorhanden waren, sind dabei, sich dramatisch zu verkleinern.

Neue Gesetze, die unter anderem die »öffentliche Verbreitung absichtlich falscher Informationen über die Benutzung der Streitkräfte der Russischen Föderation« unter Strafe stellen, bedeuten eine große Gefahr für alle, die in ihren Liedern, Gedichten, Memes, Gemälden oder Performances den Krieg kritisieren oder auch nur als solchen benennen. Denn schon das Wort »Krieg« statt des offiziellen Ausdrucks »Spezialoperation« zu verwenden, kann bei strenger Auslegung des – wie immer – schwammig formulierten Gesetzes mit bis zu 15 Jahren Haft bestraft werden. Bisher gibt es nur wenige Verurteilungen auf Basis des Gesetzes, die Verhaftung der Künstlerin Sasha Skochilenko, die Anti-Kriegs-Botschaften in einem Supermarkt anbrachte, ist einer der ersten Fälle. Skochilenko wurde im März 2022 verhaftet und monatelang unter schlechten Bedingungen in Untersuchungshaft festgehalten. Laut Berichten von Skochilenko selbst und ihren Angehörigen wurde sie gezwungen, dreimal täglich die Zelle von Hand zu putzen, und die glutenfreie Nahrung, auf die sie aufgrund einer chronischen Erkrankung angewiesen ist, wurde ihr verweigert, was zu starkem Gewichtsverlust und gesundheitlichen Problemen bei der Künstlerin geführt hat. Ende September 2022 wurden die Ermittlungen für beendet erklärt, der Prozess gegen Skochilenko dürfte bald eröffnet werden. Ihr drohen bis zu zehn Jahre Haft.

Auch prominente Kulturschaffende sind seit Beginn des Krieges in den Fokus der Behörden geraten. Im Juni 2022 wurde bekannt, dass der Bestseller-Autor Dmitry Glukhovsky, der mit seinen dystopischen

Metro-Romanen international bekannt wurde, auf die Fahndungsliste gesetzt wurde. Er wird per Haftbefehl gesucht – wegen eines Posts auf Instagram, der die Armee diskreditiert haben soll. Tatsächlich nimmt Glukhovsky kein Blatt vor den Mund und hat seit Beginn des Angriffskrieges unermüdlich kritische Beiträge in den sozialen Medien gepostet, darunter auch die Parole: »Russische Militärzensur, fick dich!« Da sich Glukhovsky im Ausland befindet, ist er nicht in unmittelbarer Gefahr, doch sollte er nach Russland zurückkehren, drohen auch ihm bis zu fünfzehn Jahre Haft. Seine Bücher, die Fans weit über oppositionelle Kreise hinaus haben, die verfilmt und für Videospiele adaptiert wurden, sind zwar noch nicht offiziell verboten, aber von vielen Buchhandlungen in vorauseilendem Gehorsam aus dem Angebot entfernt worden. In seinem Telegram-Kanal stellt der Autor deshalb kostenlose PDFs seiner Romane zur Verfügung.

Für weniger bekannte Künstler*innen, vor allem für solche, die sich noch in Russland befinden und versuchen, dort weiter gegenkulturellen Aktivismus zu betreiben, ist die Lage sehr viel ernster. Formen künstlerischen Protests im öffentlichen Raum werden oft innerhalb weniger Minuten von der Polizei beendet und die Beteiligten auf die Polizeiwache gebracht. So erging es dem Dichter und Aktivisten Artyom Kamardin. Er hatte am 25. September 2022 an einer Protest-Lesung gegen die Mobilmachung teilgenommen, die auf dem Triumfalnaya-Platz im Zentrum Moskaus stattfand. Dort las er sein Gedicht *Ubei menja, opoltschenez!* (»Töte mich, Milizionär!«), in dem es unter anderem heißt:

Töte mich, Milizionär!
Du hast Blut geleckt!
Du hast gesehen, wie dem Brudervolk
Die kämpfenden Brüder Massengräber ausheben. […]
Rette das Mutterland vor mir!
Sei ein Held!
Töte mich, Freiwilliger!
Dein Präsident wird sehr zufrieden mit dir sein.

Einen Tag später stürmten Polizisten Kamardins Wohnung, bedrohten und misshandelten ihn und seine Freundin Aleksandra Popova. Kamardin wurde Berichten von Popova und Kamardins Anwalt zufolge geschlagen und mit einer Hantel vergewaltigt. Er wurde dann gezwungen, sich vor laufender Kamera auf Knien für seine »antirussischen« Aussagen bei der Lesung zu entschuldigen und zu versprechen, das Gedicht nie wieder zu rezitieren, wie das Oppositionsmedium *Meduza* berichtet. Kamardin wurde anschließend verhaftet und auf die Polizeiwache gebracht. Ihm soll wegen »Extremismus« der Prozess gemacht werden. Fälle wie dieser machen überdeutlich, welches hohe Risiko Menschen in Russland eingehen, wenn sie sich öffentlich gegen den Krieg und die Regierung Putin stellen.

Strafrechtliche Verfolgung und Gewalt durch Sicherheitskräfte sind aber nicht die einzigen Methoden, die der russische Staat aktuell anwendet, um Kritiker*innen zu schikanieren. Eine weitere Möglichkeit bietet der Status des »ausländischen Agenten«. Seit 2012 können Organisationen, die Finanzierung aus dem Ausland erhalten, mit diesem Label versehen werden, seit 2020 auch Privatpersonen. Seit Beginn des Angriffskrieges hat sich die Zahl derjenigen, die zum »ausländischen Agenten« erklärt wurden, stark vermehrt. Im Juni 2022 wurde eine weitere Verschärfung beschlossen: »Zum ›ausländischen Agenten‹ können künftig alle Organisationen oder Einzelpersonen erklärt werden, die aus dem Ausland unterstützt werden oder unter irgendeiner Form von ›ausländischem Einfluss‹ stehen«, schreibt das Redaktionsnetzwerk Deutschland. Da der »ausländische Einfluss« nicht genau definiert wird, kann nun eigentlich jede*r, der*die dem Regime nicht in den Kram passt, zum »ausländischen Agenten« erklärt werden. Das Label kommt einer Brandmarkung als Verräter*in gleich und hat außerdem praktische Konsequenzen: Jeder Veröffentlichung – selbst einem Social-Media-Post – muss ein Warnhinweis vorangestellt werden, Bücher und Publikationen werden aus Bibliotheken verbannt, Institutionen und Medienerzeugnisse verlieren Finanzierungsmöglichkeiten. Unterrichten dürfen »ausländische Agenten« in Russland nicht und auch in anderen Berufen dürfte es schwierig sein, den Arbeitsplatz zu behalten oder einen neuen zu finden.

Auch von inoffiziellen schwarzen Listen mit unerwünschten Künstler*innen wird immer wieder berichtet. Veranstalter*innen, die die dort genannten Personen auftreten lassen, sollen Strafen zahlen. Außerdem wurden bereits verschiedene Konzerte und Ausstellungen abgesagt und Kulturinstitutionen geschlossen, darunter das Gogol-Theaterzentrum, das lange von Kirill Serebrennikow geleitet wurde. In anderen Theatern wurde die Leitung ausgetauscht. Die Nachrichtenagentur AFP zitiert Marina Dawydowa, die im Exil lebende Chefredakteurin der Zeitschrift *Teatr*, mit den Worten: »Inmitten des Krieges in der Ukraine findet in Russland eine Kulturrevolution statt.«

Die Stimmung in der gegenkulturellen Szene lässt sich als ein angespanntes Warten darauf beschreiben, was als Nächstes geschlossen, wer als Nächstes verhaftet wird. Der Kunsthistoriker Nikolai Ivanov, der selbst seit einigen Jahren im Exil in Berlin lebt, aber weiter in engem Kontakt mit oppositionellen Künstler*innen in Russland steht, erzählt im Gespräch im Mai 2022, wie radikal sich die Lage verändert hat:

> **»Seit Beginn des Krieges agieren viel mehr Künstler und Oppositionelle im Verborgenen, in der Anonymität. Sie ziehen sich zurück und sagen nichts mehr öffentlich, denn sie müssten einen hohen Preis dafür bezahlen. Viele haben das Land verlassen und nur ein, zwei Koffer mitgenommen. Sie haben alles verloren. Für die meisten, die bleiben, bleibt nur die innere Emigration. Fast niemand, der sich lautstark äußert, ist noch in Russland. Es ist zu einem Niemandsland geworden.«**

Bevor Ivanov selbst das Land verlassen hat, schrieb er als Experte oft Gutachten über Kunstwerke, die Gegenstand von Gerichtsprozessen wurden. So half er dabei, verhaftete Künstler*innen zu schützen und umstrittene Filme in Produktion zu bringen. »Es gab fast immer ein Happy End, aber das ist jetzt vorbei«, sagt Ivanov. Die Anwälte fragen erst gar nicht mehr nach einem Gutachten. »Jetzt geht es direkt ins Gefängnis, sobald etwas Kritisches gefunden wird. Sofort kommt die Polizei ins Spiel.«

Während Veranstaltungen wie Konzerte oder Ausstellungen sowie Gegenkultur im öffentlichen Raum besonders stark von Verboten oder Angriffen betroffen sind, bietet das Internet weiterhin die Möglichkeit, gegenkulturelle Inhalte zu verbreiten. Die Anonymität des Netzes schützt vor Repressionen und die schiere Fülle an Seiten, Kanälen und Accounts trotzt den Versuchen des Regimes, Inhalte zu sperren. Zwar haben auch die Bemühungen seitens der Behörden, den digitalen Raum zu kontrollieren, seit Beginn des Angriffskrieges zugenommen, doch lückenlos kann das nicht gelingen.

Es sieht nicht gut aus für die russische Gegenkultur, so viel lässt sich festhalten. In den letzten zehn Jahren ist der politische und kulturelle Mainstream immer weiter nach rechts gerückt und die staatliche Ideologie immer mächtiger geworden. Dennoch wurden beständig Spielräume erkämpft und genutzt. Das hat sich nicht geändert. Die konkreten Beispiele für Gegenkultur in Putins Russland, von denen ich in den nächsten Kapiteln erzähle, sollen zeigen, was möglich war – und was trotz allem noch immer möglich ist. Es sind Geschichten von Wut und Trauer, von Trotz und Erfindungsgeist – und vor allem von Mut und Solidarität.

Teil II

Musik ist wohl die wichtigste und am weitesten verbreitete Form von Gegenkultur, nicht nur in Russland. In Songtexten lassen sich politische Botschaften formulieren – als wütend herausgeschriene Parolen genauso wie als subtile, poetische Zeilen, die an Gedichte erinnern. Experimentelle Musik fordert mit Disharmonien die Hörgewohnheiten heraus oder wird mit ihrer provozierenden Energie zum Soundtrack von Rebellion und Protest. Und in subkulturellen Szenen entstehen in Verbindung mit der Musik Lebenseinstellungen, die dem Mainstream entgegenstehen. Es ist nicht möglich, all diese Komponenten auf wenigen Seiten zu beschreiben. Zu vielfältig sind die Formen von gegenkultureller Musik in Russland, zu zahlreich die Beispiele, die man heranziehen müsste, um einen umfassenden Überblick zu bieten. Es gibt unzählige Bands und Musiker*innen, die in ihrer Musik ein »Dagegen« ausdrücken – sei es ein eher diffuses alternatives Lebensgefühl, seien es Songtexte mit eindeutigen Botschaften gegen Putin, Krieg und Repressionen. Viel davon findet sich natürlich im Punk, aber auch im politischen Rap, Elektro, Postpunk, Indierock …

Nach einer kurzen Einleitung greife ich einzelne Künstler*innen heraus, die in verschiedenen Musikrichtungen und auf sehr unterschiedliche Weise eine oppositionelle Haltung zum ideologisch-kulturellen Mainstream ausdrücken, darunter die Punkband Pornofilmy, das experimentelle Elektro-Duo IC3PEAK und die Synth-Pop-Musikerin Bogolepov. Bei diesen Beispielen handelt es sich allerdings weniger um Underground-Künstler*innen, IC3PEAK und Pornofilmy sind sehr populäre Bands. Dass ein großer Teil der Gegenkultur über einen viel kleineren Wirkungsradius und über viel weniger Sichtbarkeit verfügt als diese Künstler*innen, soll nicht vergessen werden. Deswegen werfe ich außerdem einen Blick auf die politische Bedeutung der Punkszene in Russland und stelle einige weniger bekannte feministische Punkbands vor.

Neben Punk ist in den letzten Jahren vor allem Rave in vielen Staaten der ehemaligen Sowjetunion zu einer bedeutenden Form von Gegenkultur geworden, gerade weil sie Queerness viel Raum gibt. Die Toleranz und Akzeptanz in der Technoszene, der Hedonismus und die Freiheit, die viele mit ihr verbinden, stehen im Gegensatz zur rigiden staatlichen Ideologie, die Individualismus, Queerness und Drogenkonsum gleichermaßen verdammt. In Russland hat sich seit dem Zerfall der Sowjetunion eine Technokultur mit Underground-Clubs, Raves und Festivals etabliert, die immer wieder in Konflikt mit den Behörden gerät. Es gibt zahlreiche Berichte über Razzien und Absagen von Veranstaltungen. Da die Strafen für Drogenbesitz in Russland sehr hart sind – bis zu zehn Jahre Haft sind möglich –, sind die Razzien eine große Bedrohung. Paul Gäbler fasst in einem Artikel über den ehemaligen Technoclub RAF25 in Sankt Petersburg, der nach mehreren Polizeirazzien von den Betreiber*innen geschlossen wurde, seinen Eindruck von der Szene zusammen:

> **»Wie dem RAF25 ergeht es vielen Nachtclubs im Land. Kooperieren sie nicht mit der Polizei, droht ihnen die Razzia – und damit das Ende des Partybetriebs mit den für die Technoszene üblichen Freiheiten. So bleibt Techno in Russland etwas, was es in Deutschland früher einmal war: ein Aufbegehren gegen die Obrigkeit, ein Traum von einer anderen Gesellschaft, ohne Homophobie und Fremdenhass, in der jeder nach seiner Fasson glücklich werden kann.«**

Das mag zwar wie eine etwas romantisierte Darstellung erscheinen, aber auch andere schreiben der Szene eine große subversive Kraft zu. Der Musiker und Filmemacher Nikita Voronin, der zusammen mit Regisseur Stas G den Kurzfilm *Rhythm (that always stays with* me) über die Moskauer Technoszene gedreht hat, sagt im Interview mit der Plattform *Dazed*: »Auf den Techno-Partys habe ich die Auflehnung gegen die Gesellschaft gespürt, die Rebellion, die ich in der heutigen Punk-Musik vermisse.« Er ist nicht der Einzige, der Punk nicht mehr als das Genre radikaler Gesellschaftskritik sieht, da sich weder die Punk-Musik selbst noch die politischen Botschaften in den Liedtexten in den letzten Jahren nennenswert weiterentwickelt hätten. Gerade jüngere, feministische Musiker*innen finden sich in der männlich dominierten Szene oft nicht wieder, in der jüngeren, queeren Technoszene dagegen schon. Darüber hinaus stellt die Ravekultur eine Schnittstelle zwischen Musik und anderen Formen von oppositioneller Kunst dar, da auf Raves und Festivals auch Street Art, Performances, Installationen oder andere Formen von visueller Kunst Raum bekommen.

Tatsächlich hat gegenkulturelle Musik auch auf andere Weise oft eine visuelle Komponente. Viele Bands produzieren aufwändige Musikvideos mit beeindruckenden Bildern, die an experimentelle Kurzfilme erinnern. Bei Bands wie IC3PEAK und Shortparis bilden Musik und Video bildstarke Gesamtkunstwerke. Sie spielen mit Symbolen der Staatsmacht, überspitzen und verzerren die gewohnte Wahrnehmung und verweigern sich gleichzeitig eindeutigen Botschaften. Videos wie die von Shortparis greifen die staatlich gewünschte »Normalität« an, ohne dass sie eindeutige politische Aussagen enthielten. Bekanntere Bands wie Little Big und Leningrad sichern sich ab, indem sie vor ihren provokativen Videos, die bewusst mit Tabus wie Drogen, Sex und Religion spielen, stets den Disclaimer einblenden, es handele sich bei dem nachfolgenden Clip um Satire, die weder Alkoholkonsum verherrlichen noch religiöse Gefühle verletzen solle. Es lässt sich streiten, ob die beiden Bands zur Gegenkultur gezählt werden können, da ihre Songs und Videos zwar dem konservativen Mainstream entgegenstehen, aber eindeutige Botschaften und Positionierungen vermeiden und sich so quer durch die politischen Lager großer Beliebtheit erfreuen.

Manchmal ist es auch erst das dazugehörige Video, das einem Lied seine politische Dimension verleiht. Im Jahr 2019 veröffentlichte der

Angel Ulyanov:
Dawai samutim
(Video, 2019)

Sänger Angel Ulyanov, der sich selbst dem Genre Freak-Pop zuordnet, das Lied *Dawai samutim* (»Lass uns was aufmischen«). Aus dem Text lässt sich keine politische Botschaft herauslesen, doch das Video ist eine großartige unerwartete Feier der Queerness, die mit Stereotypen spielt: Eine Gruppe kahlgeschorener Schlägertypen in Trainingsanzügen (ein Verweis auf das stereotype Bild von der »Gopniki«-Subkultur, die vor allem mit niedrigem sozialem Status, Kriminalität und unflätiger Sprache assoziiert wird) scheint darauf aus, Ärger zu machen. Doch statt zur erwarteten Schlägerei kommt es zu einer Voguing-Einlage und der ganze Rest des Videos wird zu einer einzigen homoerotischen Tanz-Party.

Obwohl viele junge Künstler*innen mit verschiedenen Stilen experimentieren und ständig neue Subgenres innerhalb der elektronischen Musik entstehen, wird eine oppositionelle Haltung in der Musik weiterhin hauptsächlich mit Rock und Punk verbunden. Insbesondere die Rockmusik der Perestroika-Zeit erzeugt bei vielen Menschen noch immer ein diffuses Gefühl von Widerstand, auch wenn die Lieder längst in den großen Radiostationen rauf und runter gespielt werden. Einige der damaligen Bands gibt es noch immer, manche von ihnen, zum Beispiel DDT, sprechen sich öffentlich gegen den Krieg aus, andere wiederum äußern sich nicht.

Zu beobachten ist, dass der ehemals subversive Perestroika-Rock von den verschiedensten politischen Richtungen vereinnahmt wird,

Viktor Zoi als Graffiti-Motiv. Der verstorbene Sänger wird von entgegengesetzten Lagern vereinnamt.

wie Maria Engström analysiert. Besonders betroffen von dieser Vereinnahmung ist Viktor Zoi, der verstorbene Sänger der Kultband Kino. Zur Zeit der Perestroika war er »Symbol des individuellen Widerstands und der Freiheit«, heute dagegen »nutzen ideologisch entgegengesetzte Lager die Songs von *Kino*: das liberale, das eine Perestroika 2.0 verlangt, und das patriotische, das zum Widerstand gegen die ›Mächte des Bösen‹, also den Westen, aufruft«, schreibt Engström. Zois Lieder dienen auf YouTube als Soundtrack für die verschiedensten Clips, sie untermalen Proteste gegen die russische Regierung genauso wie heroische Kriegspropaganda aus dem Donbas.

Dies ist nur ein Beispiel für ein generelles Problem: Ob es sich bei Musik (oder bei einer anderen Form von Kunst) um Gegenkultur handelt, hängt nicht immer nur davon ab, wie sie gemeint ist, sondern auch davon, wie sie verstanden und gedeutet wird. Diese Selbstverständlichkeit erlangt in den aktuellen »postironischen« Zeiten, in denen es kaum mehr möglich ist, mittels Satire oder Überspitzung die Absurdität der Realität zu übertreffen, neue Relevanz und stellt Musiker*innen und andere Künstler*innen vor besondere Herausforderungen, da sie nicht damit rechnen können, dass der Inhalt, den sie ausdrücken wollen, so verstanden wird, wie er gemeint ist. So sorgte der Popsong *Femki* (»Feminists«) von neksusha für Diskussionen in den sozialen Medien. Im Text heißt es unter anderem: »Diese ganze Toleranz / Hat ein Fotzenlecker erfunden / Sogar schon im Kino / Überall Feminismus«, und: »LGBT-Feministinnen sind der totale Reinfall / Es ist wie ein böser Traum, aber ich schlafe nicht«. Das Ganze soll sich über Antifeministen und Homofeindlichkeit lustig machen – aber wie zahlreiche empörte Kommentare unter Posts mit dem Lied zeigen, war das vielen nicht klar. Diese Gefahr, falsch verstanden zu werden, führt dazu, dass einige oppositionelle Künstler*innen auf Ironie verzichten und auf Eindeutigkeit setzen, andere wiederum verstehen es, die Vieldeutigkeit für sich zu nutzen. So ist es zum Beispiel zu erklären, dass sich die Ska-Band Leningrad mit ihren provokativen Texten über Sex und Alkohol sowohl unter Putins Gegner*innen als auch unter seinen Anhänger*innen Beliebtheit erfreut. Nach Beginn des Angriffskrieges veröffentlichte die Band mehrere Lieder, die den Krieg zu kritisieren scheinen, gleichzeitig aber auch Russ*innen als Opfer darstellen. Ob es sich dabei um Ironie handelt, bleibt offen. Jede*r versteht es seiner*ihrer eigenen Meinung entsprechend – wodurch das größtmögliche Publikum erreicht werden kann.

Deutliche regimekritische Haltungen finden sich jedenfalls sowohl in subkulturellen Kontexten als auch in populären Liedern. Verglichen mit der Ravekultur lässt sich im russischen Rap eine ganz andere Form von Gegenkultur entdecken, die sich weniger im Lebensgefühl einer Szene als in den Texten ausdrückt. Populäre Rapper wie FACE, Noize MC und Oxxxymiron erreichen auch ein Mainstreampublikum – und haben so die Chance, Menschen für politische Themen zu sensibilisieren, die sonst keinen Kontakt zur Gegenkultur haben. Zum Beispiel, wenn Oxxxymiron rappt: »Hier ist jeder ein ausländischer Agent, der nicht beschützt wird oder Bulle ist«, wenn Noize MC in hochkomplexen und poetischen Texten die gewaltvolle Natur des Putin-Regimes bloßstellt oder wenn FACE, der in seinen Anfängen alle Rap-Klischees von Sexismus bis Bling-Bling bediente, plötzlich soziale Probleme und Fehler der Politik zum Thema seiner Tracks macht.

Anfang 2021 zeigte der Song *Akwadiskoteka* von Alexander Gudkov und Cream Soda, dass sogar tagesaktuelle politische Themen zum Hit werden können. Das fröhliche Partylied war eine Reaktion auf die Veröffentlichung von Alexej Nawalnys Enthüllungsvideo über Putins Palast am Schwarzen Meer. Die Recherchen von Nawalnys Team hatten die genauen Pläne für die Räume des Palastes und deren Einrichtung zutage gefördert. Im Video waren entsprechende Animationen des Palastinneren zu sehen. Besonders viel Aufmerksamkeit erregte der als »Akwadiskoteka«, also als Wasserdisco, bezeichnete Raum, der die Absurdität des Protzbaus auf die Spitze zu treiben schien. Im Lied *Akwadiskoteka* geht es entsprechend nicht darum, das unfassbare Ausmaß von Korruption und Macht-Protz-Luxus konkret anzuprangern, sondern die Absurdität des Ganzen auf die Spitze zu treiben.

Alexander Gudkov und Cream Soda: *Akwadiskoteka* (Video, 2021)

Im nonsenshaften Text des Liedes heißt es unter anderem: »Ein Zar in der Freizeit, hier wird es mir super gehen«, »Ich bin wie ein Delphin, ich bin ein Genie«, oder auch: »Damit die Libido nicht austrocknet, braucht man einen starken Strahl«. Das Musikvideo zum Song ging viral und wurde zu einer Protesthymne, die auf Demonstrationen gespielt wurde. Und das vielleicht nicht trotz, sondern wegen der vollständigen Abwesenheit einer ernsthaften politischen Botschaft – es war die passende Antwort auf eine politische Lage, die so absurd ist, dass man nicht mehr weiß, wie man darauf reagieren soll außer mit Humor und noch mehr Absurdität. Es ist ein Lachen gegen Ohnmacht und Verzweiflung.

In anderen Liedern findet man echten Optimismus – zum Beispiel im kämpferischen *Eto proidjot* (»Das wird vorübergehen«) von der Punkband Pornofilmy, die ich noch ausführlich vorstellen werde. Aber es überwiegen eine gewisse Düsternis, Traurigkeit und Pessimismus und viele politische Lieder der letzten Jahre beschäftigen sich mit Ohnmacht und Perspektivlosigkeit. Ein Beispiel dafür ist die großartig traurige Indiepop-Hymne *gori gori gori* (»brenn, brenn, brenn«), die die Sängerin Monetochka 2019 veröffentlichte:

> **Wohin du auch spucken könntest, wohin du auch gucken könntest**
> **Der Staat ist überall**
> **Grauhaarig in Couture-Jeans**
> **Eine Absurdität, eine Karikatur**
> **Witzig … im Land der vielen Kulturen**
> **Gibt es keine Kultur mehr**
> **Das Licht ist aus und der Sarg steht bereit**
> **Und ich bin cloud-rap-traurig**
> **Im Land der Verse Jessenins**
> **Gibt es keine Kunst mehr**
> **Jetzt liegt hier nur noch Asche**
> **Egal, wohin du dich wendest, wo du auch suchst – keine Seele mehr**
> **Brenn, mein Land, brenn**
> **Lösch es nicht, oh, lösch es nicht, lösch es nicht**

Dieser Text ist geradezu exemplarisch für eine düstere Gegenwartsbeschreibung, wie sie auch für die Lieder der Elektroband IC3PEAK und von anderen populären oppositionellen Künstler*innen typisch ist. Im Punk dagegen findet man teilweise mehr Optimismus oder zumindest eine wütende, kämpferische Haltung. Politische Songtexte

Monetochka:
gori gori gori
(Video, 2019)

kommen im Punk zusammen mit praktischem politischem Handeln, mit Selbstorganisation und Solidarität. Der Ohnmacht steht also ein konkretes politisches Handeln gegenüber. Gleichzeitig findet man im russischen Punk gar nicht so viel konkrete Kritik an den politischen Verhältnissen – und vor allem wenig direkte Konfrontation mit dem Putin-Regime.

EINE KURZE REISE IN DIE PUNK- UND ANTIFASZENE MIT FREUNDLICHER UNTERSTÜTZUNG VON MOSCOW DEATH BRIGADE

Wenn man von Punk in Russland spricht, fällt den meisten Leuten in Westeuropa wahrscheinlich zuerst Pussy Riot und ihr »Punkgebet« in der Christ-Erlöser-Kathedrale ein. Tatsächlich sind Pussy Riot aber keine Punkband im üblichen Sinne, sondern ein Protestkollektiv, das stärkere Beziehungen zur Aktionskunst hat als zur Punkszene. Alexander Herbert schreibt in seinem Buch *What About Tomorrow? An Oral History of Russian Punk from the Soviet Era to Pussy Riot*, wie Mitglieder der Punkszene Pussy Riot einordnen:

> **»Die große Mehrheit meiner Interviewpartner*innen (tatsächlich alle außer einem) sehen sie nicht als Teil der Punkszene, aber erkennen an, wie wichtig und mutig ihr Protest war. […] Vor ihren Protestaktionen hatte man sie nie bei Konzerten gesehen, sie hatten noch nie eine Punk-Single veröffentlicht, man hatte allgemein noch nie von ihnen gehört. Aber man kann nicht bestreiten, dass ihre Aktionen den russischen Punk ins westliche Bewusstsein katapultiert haben.«**

Während Punk für Pussy Riot vor allem Provokation als Mittel des politischen Protests bedeutet, ist die Punkszene weniger auf direkte Konfrontation mit dem Regime aus, so dass vieles relativ ungestört unterhalb des Radars der Behörden stattfinden kann, zum Beispiel

Moscow Death Brigade

kleine, selbstorganisierte Konzerte oder DIY-Zines in niedrigen Auflagen. Was einerseits größere Sicherheit bedeutet, andererseits aber auch, dass die politische Wirkung der Szene und ihr Beitrag zu Veränderungen in der Gesamtgesellschaft gering sind. Pussy Riot haben in dieser Hinsicht aber auch als ein Ansporn gedient, meint Alexander Herbert, denn »sie fordern russische Punks heraus, sich mehr mit der staatlichen Politik und Kultur auseinanderzusetzen«. So gesehen haben sie »die *Bedeutung* des russischen Punks (nicht die Musik) auf ein neues Level gebracht«.

Politisch wirkungslos war die Punkszene aber auch davor nicht, wie die Band Moscow Death Brigade 2019 im Interview erzählt. Musikalisch betrachtet machen Moscow Death Brigade keinen Punk, sondern einen wilden Mix aus Rap, Hardcore und Elektrobeats. Sie sind aber fest in der Punk-, Graffiti- und Antifaszene verwurzelt und treten oft zusammen mit Punkbands auf. Sie haben mir erzählt, dass die Punkszene eine wichtige Rolle dabei gespielt hat, dass in den letzten Jahren in Russland soziale Bewegungen entstanden sind, die sich zum Beispiel für Feminismus, gegen häusliche Gewalt, für die Rechte von LGBTQ oder auch für Tierrechte und Umweltschutz einsetzen. »Das sind nicht bloß Kids aus dem Underground, die das unterstützen, sondern es gibt durchschnittliche Leute mittleren Alters, denen plötzlich klar wird, dass sie etwas tun müssen«, so Bandmitglied Ski Mask G. Sein Bandkollege Vlad Boltcutter ergänzt, dass mittlerweile viele »eher normale Leute« an Kundgebungen und Demonstrationen teilnehmen, zum Beispiel an denen für faire Kommunalwahlen im Jahr 2019. Dass nicht mehr bloß ein harter Kern von Aktivist*innen auf die Straße geht, habe man auch dem Engagement von Punks und Antifaschist*innen zu verdanken:

> »Ich erinnere mich, dass früher alle, die für die Rechte Homosexueller, für die Rechte von Frauen kämpften, die sich für Tiere und wohltätige Zwecke einsetzen, das waren alles Leute aus der Punk- und Antifaszene. Die sind zu allen Demos gegangen, haben Demos organisiert ... Sie waren überall dabei. Dieselben Leute, die auf den Konzerten waren und sich mit den Nazis geprügelt haben, waren bei den Demonstrationen und Aktionen dabei. Klar gab es da auch Leute, die nicht aus der Szene waren, aber ich denke, dass das meiste, der Anstoß von Leuten aus der Antifa kam. Es waren nur wenige, aber für eine gewisse Zeit waren sie sehr aktiv. Ich glaube, dass die antifaschistische Bewegung, die richtige antifaschistische Bewegung, früher all das gemacht haben. Sie sind verantwortlich für das Aufkommen eines sozialen Bewusstseins. Sie haben die Basis geschaffen und den Leuten gezeigt, was man machen kann.«

Von *der* Punkszene oder *der* Antifaszene in Russland zu sprechen, wäre allerdings eine grobe Vereinfachung. In verschiedenen Städten haben sich über die Jahre lokale Punkszenen mit verschiedenen Strukturen, Musikstilen und politischen Ansichten entwickelt. Kleine Straight-Edge-Bands, die über Tierrechte singen, und anarchistische Zine-Kollektive stehen neben unpolitischem Spaß-Punk. Auch wenn Moscow Death Brigade von »der Punk- und Antifaszene« sprechen, heißt das nicht, dass beides deckungsgleich wäre. Längst nicht alle Punks verstehen sich als antifaschistisch. Alexander Herbert zitiert dazu Ivan WWF, Frontmann der Band What We Feel und Antifa-Aktivist: »Die Wurzeln der heutigen Neonazi-Szene liegen auch in der Punkszene. Viele Leute, die heute in der Neonazi-Bewegung aktiv sind, [...] waren früher mit der Punkszene verbunden.« Kristina Doga, Punkerin aus Sankt Petersburg, ergänzt: »Also, vor dem Internet wussten in Russland nicht viele Leute, dass Punk antifaschistisch sein soll.«

Es ist wichtig, zu verstehen, dass sich Punk in Russland unter ganz anderen Voraussetzungen und später als im Westen entwickelt hat. »Die Bedingungen, die Punk im Westen ermöglicht haben (eine aufblühende Musikindustrie, private Clubs ...), gab es in der Sowjetunion einfach nicht«, schreibt Herbert. Seine Interviewpartner*innen erzählen, wie sie Ende der siebziger, Anfang der achtziger Jahre zum ersten Mal mit Punk in Kontakt kamen, als sie heimlich BBC hörten, wo manchmal The Clash oder die Sex Pistols gespielt wurden. Die Band Awtomatitscheskije udowletworiteli (etwa »Automatische Befriediger«, eine Anspielung auf »Sex Pistols«), die 1979 in Leningrad, dem heutigen Sankt Petersburg, gegründet wurde, gilt als die erste russische Punkband. Anfangs spielte die Band ihre Konzerte vor allem in Wohnungen – der Leningrader Rockclub, der ab 1981 die Entwicklung der russischen Rockmusik in einem kontrollierten Umfeld ermöglichte, ließ die Band nicht auftreten. Punks galten als Staatsfeinde, wer sich mit Punkklamotten und -frisuren in der Öffentlichkeit zeigte, riskierte Ärger mit den Behörden. Einige Punks berichten in Herberts Buch davon, wie sie regelmäßig von der Polizei verhaftet, verhört und bedroht wurden.

Mit der Perestroika Ende der achtziger Jahre entspannte sich die Lage, auch Punkbands konnten nun legal auftreten. Nachdem die Szene anfangs ganz auf Leningrad konzentriert war, entstanden bald auch in anderen Teilen des Landes verschiedene Formen des Punk: Nachahmungen von den Bruchstücken westlicher Punkmusik und -kultur, an die man in der späten Sowjetunion irgendwie herankam, sowie verschiedene Versuche, eigene Formen zu entwickeln, was oft mit dem, was man im Westen unter Punk verstand, nicht viel zu tun hatte. So unterschied sich etwa der legendäre sibirische Punk der achtziger Jahre nicht nur stark von Punk in Westeuropa oder den USA, sondern auch vom Leningrader Punk. Der Musiker Roman Neumoev aus der westsibirischen Stadt Tjumen fasst es in Herberts *Oral History* folgendermaßen zusammen:»Wir waren nicht an Äußerlichkeiten interessiert, sondern an der Essenz [des Punk], an seiner avantgardistischen Essenz und seinen intellektuellen Wurzeln. Von außen war es unmöglich zu erkennen, dass wir Punks waren. Wir hatten keine Iros oder Nietenjacken.«

Es ist kaum möglich, die Entwicklung der russischen Punkszene seit ihren Anfängen in der späten Sowjetunion auf wenigen Seiten zusammenzufassen. Festhalten lässt sich, wie Herbert schreibt:»Punk schaffte es in Russland, wie überall, einen Raum zu schaffen, in dem die Leute ihre Aggressionen rauslassen konnten und ihrer Frustration mit einer Kultur, einer Gesellschaft und einem Staat Luft machen konnten, die ihnen fremd erschienen.«

Eine starke antifaschistische Punkszene, die in direkte Konfrontation mit Neonazis und Nationalist*innen ging, bildete sich schließlich in den 2000er Jahren heraus. Innerhalb des gesamten Undergrounds kam es zu dieser Zeit zu harten Auseinandersetzungen. Vor allem in der zweiten Hälfte des Jahrzehnts entbrannten brutale Straßenkämpfe mit vielen Verletzten und sogar Toten. Man lief Gefahr, auf dem Weg zu einem Konzert von Nazis überfallen zu werden.»Man konnte erstochen werden, wenn man zu einem Punkkonzert ging«, erzählt Ski Mask G von Moscow Death Brigade. Sein Bandkollege Vlad Boltcutter beschreibt die Situation genauer:

>»Ab den Neunzigern gab es in der ehemaligen Sowjetunion und besonders in Russland eine starke Bedrohung durch Nazis.
>Als wir um 2008 mit der Band anfingen, waren Nazis eine große Sache in Russland. Jedes Konzert von jeder Punkband war gefährdet. Manche Nazis griffen gezielt Leute aus den Subkulturen an, weil sie die als Feinde betrachteten. Jeder, der zu Konzerten ging, musste kämpfen, musste sich wehren, es

gab gar keine andere Möglichkeit. Sie wurden physisch bedroht. Es gab viele Prügeleien, Stechereien und Schießereien. Ein paar unserer Freunde wurden von Nazis getötet. Nicht nur unsere Freunde, viele Punks und Antifaschist*innen. Das waren sehr gefährliche Zeiten.«

Im Laufe der 2010er Jahre veränderte sich die Lage zum Besseren, die Angriffe der Nazis wurden weniger. Warum, sei nicht ganz klar, meint Vlad Boltcutter. Es könne damit zu tun haben, dass die Regierung zunehmend nicht nur gegen Antifaschist*innen, sondern auch gegen Neonazis vorging. Außerdem hätten sich viele Nazis dazu entschlossen, in den Donbas zu gehen und dort – auf beiden Seiten – zu kämpfen, denn »das ist das, was sie wirklich wollen, Menschen töten und in den Krieg ziehen«, meint Vlad Boltcutter. Er erzählt weiter über seinen Eindruck von der Lage der Punkszene Ende der 2010er Jahre:

»Ich kann nicht sagen, dass es zu 100 % sicher ist, aber man hat seit langer Zeit nichts mehr von Angriffen auf Punkkonzerte und Punks auf der Straße gehört. Klar passiert manchmal noch was und es gibt einige Gangs von jüngeren Nazis, aber es ist überhaupt nicht mit der Situation von früher zu vergleichen. Im Moment kommt der Druck vor allem von der Staatsgewalt, viele Antifaschist*innen sind im Gefängnis. Die Regierung und die Polizei versuchen, die Jugendbewegungen und Subkulturen zu kontrollieren. Das ist der große Unterschied zu früher, da hat sich die Regierung viel weniger darum gekümmert. Man vermutet, dass sie einfach abwarten wollte, während Nazis und die Antifas sich gegenseitig fertigmachen, damit die Jugend von den sozialen und politischen Problemen abgelenkt ist.«

Bereits im Jahr 2008 gründete die russische Regierung das berüchtigte »Tsentr E«, eine spezielle Polizeieinheit zur »Extremismusbekämpfung«. Sie sollte sowohl Neonazis als auch Antifaschist*innen in die Schranken weisen – »mithilfe einer Reihe von Gesetzen, die Extremismus nie klar definierten«, wie Alexander Herbert schreibt. »In der Praxis bestand ihre Taktik aus Razzien in Clubs, der Absage von Konzerten und der Verhaftung von Musikern und Besuchern«, ergänzt der Szenekenner Kirill »George« Mikhailov in seinem Beitrag in Herberts Buch. Mit der doppelten Bedrohung durch die Neonazis und die Behörden wurde Schutz zunehmend wichtiger für die Szene. Die Konzerte wurden nicht länger öffentlich angekündigt, man erfuhr nur noch von Freund*innen davon und die Szene wurde geschlossener und exklusiver, berichtet Mikhailov weiter. Aber auch in dieser Hinsicht haben sich die Zeiten geändert. In Herberts *Oral History* beschreibt Bagi Boev, Gitarrist in mehreren Punkbands und Gründer eines Plattenlabels, die Situation Mitte/Ende der 2010er Jahre folgendermaßen:

> **»Mittlerweile haben wir mit der Polizei keine großen Probleme mehr. Manchmal kommt es vor, aber nicht so wie in den 90er oder frühen 2000er Jahren, als es so viel Chaos gab und die Polizei zu Konzerten kam, die Punks verprügelte und die Show abbrechen konnte. [...] Heute werden in Moskau ohne Probleme Punk-Konzerte veranstaltet, auch große Punk-Shows. Die Polizei konzentriert sich eher auf politische oder antifaschistische Aktivitäten, also Veranstaltungen, die mit sozialem Protest verbunden sind.«**

In kleineren Städten habe die Polizei allerdings oft »nichts anderes zu tun«, als sich auf subkulturelle Veranstaltungen zu konzentrieren und Besucher*innen zu schikanieren. Dort komme es also noch öfter zu Problemen. Insgesamt ist es aber interessant, dass die Bedrohung durch die Staatsgewalt in Herberts *Oral History* weitaus seltener Thema ist als die Bedrohung durch Neonazis. Auch die zahlreichen Berichte von Punks und Angehörigen anderer Subkulturen, die auf der Straße angegriffen werden, weil sie »anders« aussehen, zeigen, dass die Bedrohung der Gegenkultur in Russland nicht nur von den Behörden ausgeht, sondern vor allem auch von Personen und Gruppen, die sich dem Nationalismus und der Verteidigung der kollektiven »Normalität«, wie sie auch die staatliche Ideologie propagieren, auf radikale Weise verschrieben haben und mit ihrer Gewalt das Regime stützen, aber selbst nicht im Auftrag der Regierung handeln.

Gleichzeitig muss betont werden, dass die Widerstände von Staat und Gesellschaft nie stark genug waren, um zu verhindern, dass subkulturelle Szenen wie Punk sich entwickeln und wachsen. Was wohl vor allem daran liegt, dass eine direkte Konfrontation mit dem System in den meisten Fällen ausbleibt und es für viele Szeneangehörigen eher darum geht, ihr Ding zu machen und für die nötigen Sicherheitsvorkehrungen zu sorgen, um nicht angegriffen zu werden. In dieser Hinsicht ist das »Punk-Gebet« von Pussy Riot tatsächlich eine Ausnahme – sowohl was die politische Wirkkraft als auch was Risiko und Konsequenzen angeht. Alexander Herbert zitiert Dmitry Spirin von der Punkband Tarakany, der großen Respekt für Pussy Riot äußert, mit der rhetorischen Frage: »Wer geht denn für unsere Lieder ins Gefängnis?«

Es ist also nicht so, dass in Russland in der Punkszene aktiv zu sein, automatisch Verfolgung und Haft bedeutet. Gefährdet sind vor allem Antifaschist*innen und andere Aktivist*innen, die sich an Protestaktionen beteiligen. So war es möglich, dass sich der russische Punk trotz seiner anderen Startbedingungen ähnlich wie im Westen entwickeln konnte. Herbert schreibt sogar:

> **»Von Bands, die versuchen, sich etwas unverwechselbar Russisches zu erhalten, über solche, die für ein größeres Publikum auf Englisch singen, bis hin zu denen, die im absoluten Underground zu Hause sind, hat der Punkrock im heutigen Russland eine ähnliche Struktur wie in den Vereinigten Staaten.«**

Wie in Europa und den USA gibt es im russischen Punk verschiedene Subgenres (z. B. Hardcore oder Ska-Punk) und politische Haltungen (z. B. Antifaschismus, Feminismus oder Veganismus). Es gibt sowohl kleine DIY-Konzerte in Hinterhofkellern als auch Punkrock-Bands, die Stadien füllen. Vlad Boltcutter von Moscow Death Brigade, der im Interview die russische mit der westeuropäischen Punkszene vergleicht, kommt ebenfalls zu dem Schluss, dass die Unterschiede gar nicht so groß sind: »Allgemein ist es so ziemlich dasselbe. Natürlich ist hier in Europa alles viel entwickelter, es gibt viel mehr Orte, wo man Konzerte spielen kann, also Kulturzentren, besetzte Häuser und sogar große Clubs, wo Punkbands und Undergroundbands spielen können.«

Solche Orte gibt es in Russland auch – aber nicht besonders viele. In den neunziger und frühen Nuller-Jahren gab es häufig Konzerte in leerstehenden Gebäuden, zu denen so viel Publikum kam, dass die Polizei gar keine Chance gehabt hätte, die Veranstaltung zu räumen, berichten Herberts Interviewpartner*innen. Aber solche Aktionen dürften weitgehend der Vergangenheit angehören. Hausbesetzungen, die Raum für Punkkonzerte bieten – zum Beispiel das Pekarnia Squat in Sankt Petersburg, das 2004 von Anarchist*innen und Aktivist*innen aus der Punk- und Hardcore-Szene besetzt wurde –,

Pekarnia Squat
in Sankt Petersburg

werden oft nach kurzer Zeit brutal von der Polizei geräumt. Auch legale nichtkommerzielle Räume, in denen Konzerte stattfinden können, gibt es nur wenige, denn während solche Räume in Deutschland nicht selten städtische Fördergelder erhalten, lässt dies die politische Lage in Russland nicht zu. Viele Konzerte finden daher in kleineren kommerziellen Clubs statt, die aber teilweise von den Behörden unter Druck gesetzt werden, Konzerte von aus politischen Gründen nicht erwünschten Bands abzusagen.

Inwiefern Russlands Krieg gegen die Ukraine auch die Punkszene in Russland verändern wird, lässt sich wohl noch nicht absehen. Punker*innen sind derzeit wie alle Regierungskritiker*innen von den härteren Repressionen und der härteren Unterdrückung von abweichenden Meinungen betroffen, viele dürften sich zur Ausreise aus Russland entschieden haben. Auf der anderen Seite finden sich in den sozialen Medien und auf russischen Szene-Portalen wie *Sadwave* weiter Hinweise auf eine aktive Szene, auf Zine-Veröffentlichungen, Distros und Labels, die Neues veröffentlichen, und sogar auf Konzerte.

Gegenkultur, die öffentliche Sichtbarkeit und vor allem offenen Protest gegen den Krieg vermeidet, kann also bisher weiter existieren. Ob und auf welche Weise der Krieg gegen die Ukraine Thema in der russischen Punkszene ist, lässt sich von außen nicht bestimmen, da eine solche Thematisierung aus Sicherheitsgründen nicht öffentlich stattfindet. Doch schon in Alexander Herberts Buch, das 2019 erschien, findet sich ein Zitat des Punkmusikers Alexander Lyubomudrov, der sich beklagt, wie wenig die Szene bereit ist, sich mit aktuellen politischen Problemen auseinanderzusetzen:

> **»Was die Musik und die Botschaften betrifft, sind alle wieder bei den altbekannten Klischees angekommen. Die politische Botschaft ist ein wenig überholt. Ich habe noch keinen einzigen Song gehört, der sich direkt oder indirekt mit den Konflikten in der Ostukraine, auf der Krim oder in Syrien beschäftigt. Ich vermisse wirklich den Spirit des europäischen Hardcores der späten 90er.«**

Es gibt vermutlich nicht wenige, die gerne Punk hören oder selbst in einer Punkband spielen, die Punk nur als Musik und eine irgendwie diffus rebellische Haltung verstehen, nicht als konkret politisch. Einen Punksong, der offen den Angriffskrieg thematisiert, kann man derzeit jedenfalls wohl nur in einem geschlossenen Raum voller Freund*innen spielen – oder im Exil.

ERNSTER ALS IHR NAME:
DIE PUNKBAND PORNOFILMY

Eine Punkband, die nicht vor aktuellen politischen Themen und scharfer Kritik an der Regierung zurückschreckt und sich momentan im Exil befindet, ist Pornofilmy. Mit der Underground-Szene hat die Band aber nicht mehr viel zu tun. Sie haben mit ihren eingängigen, musikalisch wenig innovativen, aber textlich starken Liedern Konzerthallen im ganzen Land gefüllt und sind als Headliner bei großen Festivals aufgetreten. Gegründet wurde die Band, die ausschließlich aus Männern besteht, im Jahr 2008 in der Kleinstadt Dubna in der Nähe von Moskau, wo sie ihre Songs in einer Garage aufnahmen. Über den Namen Pornofilmy (»Pornofilme«) sagt Sänger Wladimir Kotlarow im Interview mit der *taz*:

> »Als wir anfingen, waren wir Anfang zwanzig. Viele Punkbands tragen absichtlich dämliche Namen, das wollten wir auch! Wenn wir allerdings gewusst hätten, dass wir so populär werden und über ernste Themen singen würden, hätten wir uns etwas Intelligenteres einfallen lassen.«

Mittlerweile musste der Bandname schon mehrmals als Begründung von Konzertabsagen herhalten. Mehrere Auftritte der Band wurden von Veranstalter*innen oder den Behörden untersagt und eines ihrer Lieder offiziell verboten. Doch im Vergleich zu anderen Künstler*innen, die systematisch von den Behörden schikaniert oder gar zu Haftstrafen verurteilt werden, ist die Band bisher mit relativ milden Repressionen davongekommen, obwohl ihre Songtexte wirklich kein Blatt vor den Mund nehmen. Sänger Kotlarow sagte 2020 in einer MDR-Reportage über die Texte: »Das Land geht so schnell den Bach runter, dass wir die Probleme direkt ansprechen müssen. Es bleibt keine Zeit für Metaphern, die von Leuten erst später entziffert werden können. So direkt wie nur möglich – nur so könnte es funktionieren.«

Pornofilmy

Das bekannteste Lied der Band dürfte *Rossija dlja grustnych* (»Russ-land für Traurige«) von 2017 sein. Der Song gehört zu den weniger optimistischen der Band, in ihm kommt erneut die Hoffnungslosig-keit im Russland der 2010er Jahre zum Ausdruck. Im Text heißt es:

Denke das Richtige,
Fühle das Richtige
Mit deinem Herzen im Grab
Und deiner Seele in einer Zelle.
Das ist Russland. Russland für Traurige.
Keine Wahl, keine Veränderung!

Dem gegenüber steht der viel kämpferische und explizit kritische Song *Eto proidjot* (»Das wird vorübergehen«) von 2020. Darin kom-men vom Krieg im Donbas, die Naturzerstörung und Waldbrände in Sibirien über Polizeigewalt, fingierte Gerichtsurteile und Folter bis hin zu Propaganda im Fernsehen eine Vielzahl aktueller Themen vor. Und die Antwort darauf ist immer die gleiche optimistische: Es wird aufhören und anders werden. Im Lied selbst klingt das so:

Mein Russland sitzt im Knast
Aber glaub mir,
Das geht vorbei!
Was für ein dunkles Jahrhundert das ist
Ich stelle mir vor, dass in der Ferne
Ein vergessenes Licht der Hoffnung scheint, glaub mir nur,
Es wird ganz sicher vorbeigehen
Alles wird vorübergehen, alles hört irgendwann auf,
Es wird ein Jahr geben, einen Tag, einen Augenblick
Der Diktator von gestern einsam in einer Leichenhalle
Jetzt nur noch ein toter alter Mann
Die Türen des Lefortowo-Gefängnisses werden aus ihren Angeln
gerissen
Und Russland wird aufwachen

Mittlerweile hat die Band Russland verlassen und spielt im europäischen Ausland Benefizkonzerte zur Unterstützung der Ukraine. Auf ihrem YouTube-Kanal haben sie jedem ihrer Musikvideos ein Bild der ukrainischen Flagge vorangestellt, darauf in Englisch und Russisch die Botschaft: »Während ihr Musik hört, sterben Menschen in der Ukraine! Stoppt den Krieg«. Ende März 2022 erklärte Gitarrist Alexandr Rusakov im Interview mit der *taz*: »Ich glaube nicht, dass wir unter den gegebenen Umständen jemals wieder live in Russland spielen können.«

Pornofilmy sind ein Beispiel dafür, dass es bis zum Beginn des Angriffskrieges in Russland durchaus Möglichkeiten gab, Musik mit deutlicher Kritik an der Regierung zu spielen und damit ein großes Publikum anzusprechen. Nun haben die große Bekanntheit der Band und ihre deutlichen öffentlichen Aussagen dafür gesorgt, dass sie nur noch im Exil auftreten kann. Da haben es kleine Punkbands, die sich tatsächlich im Underground bewegen, etwas leichter, sie sind für die Behörden weniger sichtbar, wodurch Auftritte in Russland weiter möglich sind.

ZWISCHEN MUSIK UND AKTIVISMUS:
FEMINISTISCHE PUNKBANDS

Nachdem ich nun viel über die männlich dominierte Punkszene und über Bands geschrieben habe, die ausschließlich aus cis Männern bestehen, möchte ich nun einige feministische Punkbands aus Russland vorstellen, die in ihren Liedern nicht nur gegen staatliche Repressionen, sondern vor allem auch gegen Patriarchat und Sexismus ansingen. Auf dem Portal *The Calvert Journal* schreibt Loretta Marie Perera über die feministische Musikszene in Russland:

> **»Mit einer neuen Generation, die den Spirit der Wut, der Moshpits und der Rebellion für sich entdeckt, machen sich immer mehr mutige Musikerinnen auf, die Grenzen der russischen Underground-Szene zu sprengen. Sie kreieren neue Genres, pushen das Politische und verbinden neue Ausdrucksformen miteinander. [...] Während ihr Einfluss wächst, distanzieren sich viele Musikerinnen vom Label ›Punkrock‹. Stattdessen nutzen sie die gleiche kämpferische Haltung und die wachsende Unterstützung des russischen Feminismus, um Grenzen zu überwinden, sich auszudrücken und in neuen Genres Fuß zu fassen – mit den gleichen Zielen.«**

Nicht der Punk ist wichtig für das Selbstverständnis dieser Bands, sondern der Feminismus. Es geht ihnen darum, eine starke feministische Community aufzubauen, die Sicherheit und Austausch ermöglicht. Musik ist nur ein kleiner Teil davon. Ein Beispiel für solche feministischen Community-Projekte in Verbindung mit (Punk-) Musik ist die Initiative »Femland« aus Moskau. Sie haben ein eigenes Label und neben Konzerten, Workshops und Soli-Veranstaltungen organisieren sie Rock-Camps für Frauen*, bei denen sich die Teilnehmer*innen gegenseitig mit Wissen und Skills unterstützen. In der Veranstaltungsankündigung für das Femland-Rock-Camp 2019 hieß es auf Instagram: »FEMLAND ist unsere Chance, zu zeigen, wie wir

Femland-Flyer

Father's Sins: *STERWA*,
(Album-Cover)

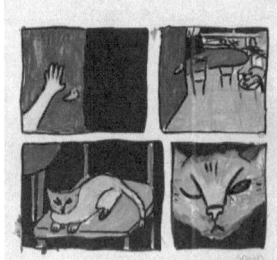

Lono: *Ja objasatelno wyschiwu*,
(Single-Cover)

mit dem, was wir lieben, und mit der Arbeit an unseren Skills anderen helfen können. Nicht nur U2 und Grammy-Gewinner*innen können das. Jede kann etwas beitragen.«

Die Veranstaltungen von Femland erinnern an die Ladyfest-Bewegung, die sich sowohl im Queerfeminismus als auch in der Punk- und DIY-Szene verorten lässt. Eine der Bands, die bei Femland aufgetreten sind, ist Father's Sins aus Moskau. Ihre kurzen, schnellen Hardcore-Tracks sind mitreißend und voller Wut auf die patriarchale Gesellschaft. »Vater Patriarchat / Vergib mir meine Freiheit / Vater Patriarchat / Lass mich entscheiden«, singen sie. Häusliche Gewalt und Sexismus sind in ihren Texten genauso Thema wie Krieg und die Ungerechtigkeit des Systems. Im Lied *Nastojaschtschi muschik* (»Echter Mann«) heißt es: »Du hast in deinem Leben viel gelernt: / Wie man zuschlägt und wie man säuft / Aber nicht, wie du mit ihr reden kannst / Ja, du bist ein echter Mann!« Auf ihrer Bandcamp-Seite schreiben sie über ihr Album *STERWA* (»Luder«):

»Mit unserem Debütalbum wollen wir keinen blinden Hass auf alle Männer zum Ausdruck bringen. Wir reagieren auf die normalisierten und teilweise erschreckenden Äußerungen und Haltungen von Männern gegenüber Frauen*. Wir sind wütend und bringen deshalb einen Protest zum Ausdruck, mit dem wir unseren Beitrag zum Kampf gegen alle Erscheinungsformen von Gewalt und Unterdrückung von Frauen* leisten.«

Musikalisch etwas ruhigere, melancholischere Töne schlägt die Band Lono (»Schoß«) aus Sankt Petersburg an. Sie singen über Themen wie Selbstliebe, Sexismus und übergriffige Männer – und über Menschen in der Punkszene, die alles besser wissen, weil sie schon länger dabei sind. Im Mai 2022 ist die Band noch in Sankt Petersburg aufgetreten. In der Ankündigung des Konzerts auf Instagram heißt es: »Den Ort erfahrt ihr von Freund*innen oder fragt per Direktnachricht.« Eine Sicherheitsvorkehrung, wie sie bei vielen gegenkulturellen Veranstaltungen getroffen wird.

Im Jahr 2020 veröffentlichten sie das traurige Lied *Ja objasatelno wyschiwu* (»Ich werde auf jeden Fall überleben«), in dem zwar einiges an Hilflosigkeit angesichts der politischen Lage zum Ausdruck kommt, das aber trotzdem die Hoffnung nicht ganz aufgibt:

Ich verschließe meine Augen vor den neuesten Nachrichten
ich will nicht wissen, wer heute gestorben ist.
Die Hände der Polizisten zerhacken das Leben wie Klingen
Mit lautem Tanzen ertränke ich ein Schluchzen

Aktivismus scheint kein Ausweg mehr zu sein
Ich habe einfach keine Kraft mehr dafür
Die schwere Luft unter der Maske ausatmen
Der Blick auf Reihen von Doppelgräbern

Ich werde diese Hitze innen und außen ganz sicher überleben
Ich werde auf jeden Fall überleben

Im Juli 2022 veröffentlichten sie dann zusammen mit einer anderen Band zwei neue Lieder: *1312* und *Drusja* (»Freunde«). In ersterem geht es um die Angst, dass die Polizei vor der Tür steht, man verhaftet und geschlagen wird. Am Ende singen sie wie ein utopisches Mantra: »In meinem Land gibt es keine Polizei / In meiner Stadt keine Polizei / In der Vorstadt keine Polizei / Hinter der Tür keine Polizei / Im Schrank keine Polizei / Hinter meinem Rücken / Hinter meinem Rücken / nicht«. Das Lied *Drusja* erzählt von der Wichtigkeit von

Solidarität in schweren Zeiten: »Zusammen ist es leichter / Um der anderen Willen bleiben wir stark«.

Die Band Ona (»Sie«) ist ein gutes Beispiel, wie feministischer Aktivismus und Musik Hand in Hand gehen. Die drei Mitglieder der Band waren gemeinsam in der feministischen Vereinigung *ONA* aktiv. Die Organisation setzt sich für die Zusammenarbeit verschiedener feministischer Gruppen im ganzen Land ein, auch wenn sie verschiedenen Strömungen anhängen. Der Kampf für das gemeinsame Ziel, den Feminismus zu stärken, steht im Vordergrund und die Gemeinsamkeiten sind dabei wichtiger als die Unterschiede, heißt es auf der Website von *ONA*. Es geht ihnen nicht darum, »den Feminismus zu einer Art Subkultur zu machen«, sondern »die breite Öffentlichkeit« anzusprechen, denn nur so können ihre Ziele erreicht werden: Die »weite Verbreitung des Feminismus«, das »Ende von Ungerechtigkeit, Ungleichheit, Gewalt und Aggression gegen Frauen« und die »Zerstörung des Patriarchats«.

2017 entschieden sich dann die drei Frauen, eine Band zu gründen, um ihre politische Botschaft auch in Form von Musik zu verbreiten, wie sie im Interview mit *The Calvert Journal* berichten. Auf Facebook veröffentlichte die Band 2018 eine augenzwinkernd kämpferische Selbstbeschreibung:

> **»Die Band Ona (Moskau) ist die Stimme der Vereinigung der Feministinnen und der Aufklärung der Massen – zumindest sind wir auf dem Weg dahin! Während des ersten Jahres ihres Bestehens hat die Band einige Lieder geschrieben, die sich mit aktuellen Problemen von Frauen beschäftigen. Unsere Musik ist leicht zu verstehen, aber auch originell.«**

Die Texte der Lieder sind auf Englisch und Russisch. In einem ihrer ersten Songs, *Women/Girls*, dekonstruieren Ona die Annahme, dass es die Männer waren, die die Entwicklung der Menschheit vorangetrieben haben. »Who was the first to hold a stick?«, singen sie – und beziehen das sowohl auf das erste Verwenden von Werkzeugen in der

Steinzeit als auch auf die erste Person, die Schlagzeug spielte. Die Antwort ist klar: »Women, girls, YOU were the first!« In einem anderen Lied geht es um freien Willen und Consent: »You can't eat me – I'm no food / You can't take me – I'm no pill / FREE WILL!«

Musikalisch klingen Ona nach klassischem DIY-Punk, rau, gitarrenlastig und ohne Schnickschnack. »Als wir das erste Mal zusammen spielten, wurde klar, dass manche von uns keine Erfahrung mit Instrumenten hatten«, erzählte Bandmitglied Elena Keller dem *Calvert Journal*. Einerseits entspricht die Band damit natürlich nahezu perfekt dem, was Punk in seinen Anfängen war und auch noch immer sein kann, andererseits distanzieren sich Ona bewusst von diesem Label und wollen lieber ihr eigenes Ding machen, weil sie der Meinung sind, »dass die heutige Version des Genres so stark verwässert wurde, dass es seine ursprüngliche Bedeutung verloren hat«, wie Perera in ihrem Artikel über die feministische Musikszene in Russland schreibt. Ona machen auch aktuell weiter Musik, Ende März 2022 erschien ihr Album *Women* auf verschiedenen Online-Plattformen. Im September 2022 befand sich die Band weiterhin in Russland, und entsprechend finden sich auf ihren Social-Media-Seiten keine Statements zum Krieg, die die Band in Gefahr bringen könnten.

Nicht nur von Ona, auch von anderen eher unbekannten Bands, die Teil des musikalischen Undergrounds sind, findet man Hinweise auf Social Media, dass sie Russland nicht dauerhaft verlassen und im Sommer und Herbst 2022 Konzerte in Russland gespielt haben. Dabei handelt es sich aber nicht um große, öffentliche Veranstaltungen, die eindeutig als oppositionell zu identifizieren sind, sondern um kleine, selbstorganisierte Konzerte, von denen meist nur Eingeweihte vorher erfahren. Einige regierungskritische Künstler*innen versuchen so, unter dem Radar weiter aktiv zu bleiben, nicht mit den Behörden in Konflikt zu geraten und trotz allem auch Formen von Gegenkultur innerhalb Russlands aufrechtzuerhalten. Mit dem Thema Feminismus dürfte man sich dabei weniger angreifbar machen als mit einer direkten Kritik am Krieg oder an Putin.

RUSSLAND ALS HORRORMÄRCHEN: IC3PEAK

Eine Band, die sich zwar im subkulturellen Kontext verorten lässt, die aber längst weit über den musikalischen Underground hinaus bekannt ist, ist das Duo IC3PEAK. Sie machen seit 2014 experimentelle und ziemlich düstere elektronische Musik mit Industrial- und Rapelementen. Ihren Stil beschreiben die Musiker*innen Nastya Kreslina und Nikolay Kostylev selbst als »audiovisuellen Terror«. Manchmal klingen IC3PEAK fast harmonisch, dann wieder verzerrt, mit dröhnenden Sirenen im Hintergrund. Kreslinas hohe, schrille Stimme liegt über kratzigen Bässen, die Songs sind voller Brüche – und trotzdem tanzbar. Das hat der Band viele Fans in Russland und im Rest der Welt beschert. Ihre kunstvoll inszenierten Musikvideos, in denen man sowohl Elemente von Horror und Märchen als auch provokante Auftritte vor Symbolen und Orten der Macht entdecken kann, haben Millionen Klicks auf YouTube. Das Video zu ihrem Lied *Smerti bolsche net* (»Es gibt keinen Tod mehr«) von 2018 ging viral und hat Stand Oktober 2022 über 134 Millionen Aufrufe auf YouTube – ziemlich viel für eine russische Indie-Band.

Im Video sitzen die Bandmitglieder am Ufer der Moskwa, direkt gegenüber vom Kreml, und trinken Blut aus kleinen Bechern. Auf dem Roten Platz vor dem Lenin-Mausoleum verspeisen sie rohes Fleisch, und vor der Lubjanka, dem Sitz des Inlandsgeheimdienstes FSB, spielen sie ein Klatschspiel mit den Händen, während sie auf den Schultern von Polizisten sitzen. Gleich zu Beginn sieht man das Weiße Haus in Moskau, den Regierungssitz. Kreslina steht davor, übergießt sich mit Kerosin und singt: »Ich spüle meine Augen mit Kerosin / Lass alles brennen, lass alles brennen / Ganz Russland schaut mir zu / Lass alles brennen, lass alles brennen.« Auch wenn hier keine konkrete Kritik an der Regierung formuliert wird, transportiert das Video doch eine recht klare Haltung. Im Text des Liedes kommt außerdem die Perspektivlosigkeit vieler, vor allem junger Menschen in Russland zum Ausdruck: »Wie immer ist es kalt hier und die Menschen sind böse / In der Zukunft erwartet mich nichts«.

Auch IC3PEAK gehörte zu den Bands, die von den Konzertverboten im Herbst 2018 betroffen waren. Es wird spekuliert, dass das mit diesem provokanten Video zu tun hat. Auf YouTube bedankt sich in den Kommentaren unter dem Video ein User beim russischen Inlandsgeheimdienst, der als Drahtzieher hinter den Konzertverboten vermutet wird: »Danke, FSB, für die Empfehlung. Ihr habt einen tollen Geschmack, Jungs! Weiter so. Mit euch braucht man keine Werbung

IC3PEAK:
Smerti bolsche net
(Video, 2018)

mehr.« In den folgenden Liedern und Videos haben sich IC3PEAK ebenfalls nicht mit weiteren Provokationen und nicht gerade subtilen politischen Anspielungen zurückgehalten. Außerdem unterstützt die Band aktiv oppositionelle Bewegungen. Im März 2019 traten sie bei einer Kundgebung gegen den Aufbau eines isolierten russischen Internets auf. Es ist zu befürchten, dass dieses geplante »Runet«, ein vom internationalen Internet unabhängiges Netz nach chinesischem Vorbild, das über staatliche Knotenpunkte läuft, der noch umfassenderen Kontrolle von verbreiteten Inhalte dienen soll. Im August desselben Jahres unterstützen IC3PEAK dann eine große Kundgebung für freie Kommunalwahlen in Moskau mit ihrem Auftritt. Nach Beginn des Angriffskrieges im Februar 2022 teilten IC3PEAK ein deutliches Statement in den sozialen Medien, in dem sie sich gegen den Krieg und Putin richten und Propaganda, Zensur und polizeiliche Überwachung in Russland anprangern. Sie kündigen an, ihre Konzerte in Russland abzusagen, da sie »während der Tour nicht sicher wären wegen unserer klaren Position gegen den Krieg«. »Bitte, schweigt nicht«, schreiben sie, und: »Wir werden weiter Widerstand leisten.« Das Statement endet mit Parolen, die daran erinnern sollen, dass nicht alle Russ*innen für den Krieg sind:

> **Russia ≠ Russian government.**
> **Russia ≠ Putin.**
> **Stop the war.**

Eine deutliche Anti-Kriegs-Botschaft findet sich auch bereits im Video zum Lied *Marsch*, das 2020 veröffentlich wurde. Darin steht eine Gruppe von Menschen mit blutroten Lippen, weiß geschminkten Gesichtern und schwarzen Uniformen mit Pionierhalstüchern im Halbkreis und spielt auf Blechtrommeln einen Marsch. Die verzerrte Kinderlied-Melodie, die sie dazu singen, könnte aus einem Horrorfilm stammen. Apathisch blicken sie geradeaus, während ihre Trommeln durch Maschinengewehre ersetzt werden. Auf die trommelnden Horrorgestalten folgen Szenen von Schießübungen, bei denen Smileys, Regenbögen und Kuscheltiere als Ziele dienen. Militarismus und Kriegsverherrlichung, wie sie in Russland schon lange vor dem 24. Februar 2022 an der Tagesordnung waren, werden hier zur verzerrten Groteske. Im Text des Liedes finden sich keine politischen Parolen oder Friedensbotschaften. Stattdessen wird wieder ein düsteres, hoffnungsloses Gefühl ausgedrückt:

> **Mit jedem Jahr wird die Luft stickiger**
> **[...]**
> **Statt Girlanden Stacheldraht**
> **Jenseits der Zäune gibt es keinen Horizont**
> **Wer ist da draußen, außer der Kälte?**
> **Direkt vor dem Tor parkt ein Panzer**
> **Er schießt nicht, er ist nur Show**

Am Ende des Videos sieht man wieder die trommelnden Figuren vom Anfang. Diesmal sitzen sie in einem Hörsaal und blättern in Heften, deren Umschläge mit der russischen Flagge bedruckt sind. Dann werden die Hefte durch Handgranaten ersetzt. Der gruselig grinsende Gesichtsausdruck der Figuren verändert sich dabei nicht. Ein eindrückliches Bild für die sogenannte »patriotische Erziehung« in Russland, die nichts anderes als militaristische Indoktrination ist.

IC3PEAK:
Marsch
(Video, 2020)

Im Lied *Plak-plak* (»Boo-hoo«) nehmen IC3PEAK das Patriarchat auseinander und erzählen ein Horrormärchen von feministischer Rache. Im Songtext heißt es:

Ich habe es satt, zu weinen und zu leiden
Man weiß eh nicht, wie man sterben wird
Meine Mutter sagte mir: »Gehorche deinem Mann«
Aber ich höre nicht auf sie, ich mache, was ich will
Ich höre auch nicht auf meinen Vater
Statt eines Sterns wünsche ich mir eine Granate

Im März 2022 veröffentlichte die Band das Video zu ihrem Lied *Dead But Pretty*, das von vielen als Kommentar auf die zahlreichen Verhaftungen bei Anti-Kriegs-Protesten verstanden wurde, da eine Horde Riot-Cops die Hauptrolle in dem Video spielt. Die beiden Bandmitglieder mimen im Video Untote, die von den Polizist*innen verhaftet werden – denn ob tot oder nicht, die Behörden kennen kein Erbarmen. In einer anderen Szene steht der Gefangenentransporter auf dem Roten Platz und die beiden Verhafteten spielen ein Konzert vor begeisterten Riot-Cops. Es folgt die für Russland ultimative Provokation: Die von Kreslina und Kostylev gespielten Figuren küssen jeweils eine*n Polizist*in des eigenen Geschlechts, und das mitten auf dem Roten Platz.

IC3PEAK:
Dead But Pretty
(Video, 2022)

IC3PEAK ist aktuell wohl die interessanteste gegenkulturelle Band, sowohl was die Verbindung von Audio und Video und die musikalische Qualität betrifft, als auch mit Blick darauf, wie sie es schaffen, in ihren Liedern aktuelle politische Themen aufzugreifen, ohne sie jemals direkt zu benennen und ohne auf parolenhafte, platte politische Lyrics angewiesen zu sein. Gleichzeitig sind ihre Songs und Videos nicht zu beliebig und vieldeutig, als dass sie im Sinne der staatlichen Ideologie interpretiert werden könnten. Diese Band kann auch aus dem Exil heraus noch viel bewegen, da sie die Stimmung unter jungen regierungskritischen Menschen in Russland sehr gut einzufangen vermag.

QUEERE MUSIK IM EXIL: BOGOLEPOV

Schon länger im Exil befindet sich Bogolepov, queere Musikerin und Aktivistin aus Sankt Petersburg. Bogolepov macht elektronische Musik mit Gesang, von verträumten Popballaden bis hin zu mitreißendem Elektropunk. Seit Ende 2017 lebt sie in Berlin. Ihre Musik macht Bogolepov aber nicht nur für das Publikum in Deutschland, sondern auch für die Community in Russland. Im Mai 2022 hat sie mir bei einem Treffen in Berlin erzählt, dass es schön ist, hier freier für diejenigen sprechen zu können, die sie zurückgelassen hat. Bogolepov hat eine feste Fangemeinde in Russland und konnte dort von ihrer Musik leben. In Deutschland kann sie das nicht mehr. Bogolepov musste hier ganz neu anfangen und Arbeit finden. Seit Beginn des Angriffskrieges sind ihr außerdem viele Einnahmen weggebrochen, weil ihre Unterstützer*innen auf *Patreon* zu einem großen Teil in Russland leben, dort aber aufgrund der Sanktionen internationale Kartenzahlung nicht mehr funktioniert und so *Patreon* nicht mehr genutzt werden kann – ein Problem, das gerade viele oppositionelle Künstler*innen und unabhängige Medien in Russland haben.

Bogolepov hat Russland vor allem wegen der wachsenden Queerfeindlichkeit verlassen. In den letzten zehn Jahren ist die Stimmung immer schlimmer geworden, erzählt sie. »Ende der 90er und Anfang der 2000er hatte man in Russland das Gefühl, dass es liberaler wird. Es gab eine gewisse Toleranz für Queere, in Sankt Petersburg gab es schwule Clubs, die sich nicht verstecken mussten. Dann wurde es schlimmer und schlimmer.« Wegen Putin. Seine Strategie sei es, queere Menschen als Gruppe darzustellen, die nicht Teil der Gesellschaft ist, denn »solche Regimes brauchen Feinde«. Im Jahr 2011 wurde das Gesetz gegen die Verbreitung sogenannter »homosexueller Propaganda« unter Minderjährigen auf lokaler Ebene eingeführt, 2013 im ganzen Land. Dass das Gesetz Ende 2022 ausgeweitet und die Verbreitung queerer Inhalte vollständig verbieten würde, war zum Zeitpunkt unseres Gesprächs noch nicht absehbar. Bogolepov erzählt, dass es gar nicht so viele Fälle gibt, in denen das Gesetz angewendet

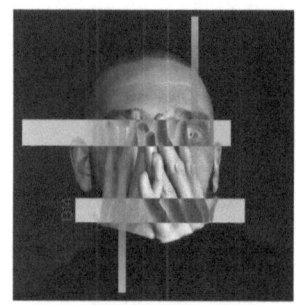

Bogolepov: *1314*
(Album-Cover, 2020)

wurde. Es sei bei der Einführung des Gesetzes vor allem darum gegangen, »den Leuten, die ohnehin schon homophob waren, das Gefühl zu geben: Der Staat ist auf meiner Seite«. Die Veränderung nach Einführung des Gesetzes sei krass zu spüren gewesen, ab 2013/2014 sei es dann »absolut unmöglich« geworden für queere Menschen in Russland. Dennoch eröffnete Bogolepov 2016 zusammen mit ihrem damaligen Mann und einer Freundin die erste queere Bar in Sankt Petersburg. Sie wollten bewusst einen queeren Ort schaffen, nicht eine Schwulen- oder Lesbenbar. Die Bar war erfolgreich – aber existierte nur vier Monate lang. Danach wurde ihnen von der Polizei mit vorgeschobener Begründung die Lizenz entzogen. Die Tapeten aus der Bar hängen heute in der Poison Bar in Neukölln, wo ich Bogolepov zum Interview getroffen habe.

»Als wir 2017 aus Piter raus sind, gab es dort noch zwei Gay-Clubs, aber das waren keine Safe-Spaces, es kamen viele Heteros hin und es war wie im Zoo, man wurde angestarrt. Nicht zu vergleichen mit Berlin«, erzählt Bogolepov weiter. Viele ihrer queeren Freund*innen sind mittlerweile nicht mehr in Russland. Eine Freundin hat sich vor kurzem das Leben genommen. »In der russischen queeren Szene gibt es viel Tod.«

Bogolepov erzählt, dass queere Menschen auch gezielt getötet werden – zum Beispiel gibt es viele Fälle, in denen schwule Männer auf der Dating-App *Grindr* zu vermeintlichen Dates gelockt, dann überfallen, misshandelt und schlimmstenfalls ermordet werden. Auch Bogolepov selbst ist schon bedroht und angegriffen worden. Sie wurde vor ihrem Musikstudio zusammengeschlagen. Am Morgen war ihr ein Auto gefolgt und als sie nach fünf bis sechs Stunden Aufnahmen das Studio wieder verließ, warteten draußen drei Männer, die auf Bogolepov einschlugen und ihr alles abnahmen: Pass, Laptop, Synthesizer. In Berlin hatte sie lange mit Angstzuständen und Depressionen zu kämpfen.

Bogolepovs Song *Mother Russia* ist eine Abrechnung mit den Zuständen in Russland. Im Text heißt es:

Mother Russia
I'm tired of your drunk abuse
Never said you loved me
But now I have to serve you

...
Mother Russia
Your victims are those who are daring
Mother Russia
Your favorites are those who are dead

Im Jahr 2020 veröffentlichte Bogolepov ein Musikvideo zu *Mother Russia*, das das Verfassungsreferendum und die Repressionen in Russland kritisiert. Unter dem Motto #netmeansno wird zum Protest aufgerufen:

Wir, die internationale Community, die überzeugt ist, dass sich
Russland auf dem Weg zu einem äußerst toxischen autoritären
Regime befindet, sagen
NEIN zur Unterdrückung in Russland!
NEIN zur Korruption!
NEIN zur staatlich geförderten Homophobie!
NEIN zu Beschränkungen der Meinungsfreiheit in Russland!
Wir fordern die Annullierung der Änderungen an der russischen
Verfassung aus dem Jahr 2020!

Im Video sieht man eine ganze Reihe verschiedener Menschen, die auf ganz unterschiedliche Weise »Net«, also »Nein« sagen. Manche haben es auf ihrem T-Shirt stehen, andere haben es auf Zettel, Schilder, Spiegel oder ihren eigenen Körper geschrieben. Dazwischen sieht man Aufnahmen von Polizisten, die Demonstrant*innen verprügeln. Immer wieder wird auch die Schwarz-Weiß-Aufnahme einer

Bogolepov:
Mother Russia
(Video, 2020)

Schwanensee-Aufführung eingeblendet. Das ist eine Referenz darauf, dass im Fernsehen *Schwanensee* lief, als im August 1991 die Panzer durch Moskau rollten und gegen Gorbatschow geputscht wurde. Seitdem ist *Schwanensee* für viele russische Oppositionelle zu einem Sinnbild geworden für Zensur, beschönigende, propagandistische Darstellungen in den Staatsmedien und allgemein dafür, so zu tun, als wäre alles in bester Ordnung, während sich Umbrüche und Katastrophen ereignen. Als Anfang März 2022 der letzte verbliebene kritische Fernsehsender Doschd, der ohnehin schon seit einigen Jahren nur noch online zu empfangen war, seine Arbeit einstellen musste, verließen in den letzten ausgestrahlten Minuten die Journalist*innen mit den Worten »Nein zum Krieg« das Studio – danach folgte die berühmte *Schwanensee*-Aufnahme.

Bogolepov erzählt, dass sie im Jahr 2021 sehr produktiv war und fast drei komplette Alben geschrieben, aber erst eins davon veröffentlicht hat. »Gerade ist nicht die richtige Zeit dafür«, sagt Bogolepov und meint den Krieg gegen die Ukraine. Eines der Alben sei sehr düster, es gehe um Ängste und Horror. »Aber gerade brauchen die Leute Hoffnung.« Dass Russland die gesamte Ukraine angreift, hat sie nicht überrascht. »Ich habe schon 2017 gedacht, dass der Krieg kommt. Damals haben meine russischen Freund*innen mich ausgelacht. Wenn ich Musik schreibe, reflektiere ich die Dinge manchmal etwas früher, als sie passieren.« Bogolepov erzählt von ihrem Song *Toys in the Attic* von

2017. Er handelt davon, dass man verrückt wird, weil man nicht weiß, wie man in der neuen Realität leben soll. »Erst jetzt weiß ich, wovon das Lied handelt. Es passt sehr gut zur aktuellen Situation.« Über den Krieg selbst will Bogolepov keine Musik schreiben, lieber etwas Persönlicheres, »eine Philosophie, wie man jetzt trotz allem leben kann«.

Da Bogolepov sich neben ihrer Musik auch politisch engagiert und unter anderem ehrenamtlich für Queeramnesty arbeitet, habe ich sie nach dem Verhältnis von Kunst und Aktivismus gefragt. Das ist Bogolepovs Antwort:

>**Wirkliche Kunst ist immer politisch. Und wir sind immer Teil der Politik. Aktivismus ist sehr wichtig für mich und es ist besonders schön, wenn ich Kunst und Aktivismus zusammenbringen kann. Aber auf der anderen Seite will ich Kunst und Politik trennen. In der Politik geht es immer um die Lüge. In der Kunst geht es immer um die Wahrheit. Ich würde niemals Politiker*in sein wollen, deswegen entscheide ich mich für Aktivismus, nicht für Politik. Kunst hat eine große Kraft, die ein Gegenmittel für die Politik sein kann. Künstler*innen können Politiker*innen beeinflussen. Kunst ist also unsere Doomsday-Waffe! Ich glaube an Wunder, an die Kunst und an menschliche Liebe. Das ist der einzige Weg, optimistisch bleiben zu können. Sonst würde ich schon irgendwo in einer Schlinge hängen.«**

PROTESTMUSIK SEIT DEM 24. FEBRUAR – EINE PLAYLIST GEGEN DEN KRIEG

Seit Beginn des russischen Angriffskrieges haben zahlreiche russische Musiker*innen ihre Ablehnung der Invasion und ihre Unterstützung der Ukraine nicht nur in Statements ausgedrückt. Sie schrieben auch zahlreiche Lieder, die den Krieg direkt oder indirekt zum Thema haben. Einige Beispiele sind in der folgenden Playlist versammelt. Trauer, Ohnmacht, Hoffnung und sogar Humor wechseln sich darin ab. Auffällig ist dabei, dass die meisten der Lieder vor allem die Auswirkungen des Krieges auf die Menschen in Russland und auf das eigene Selbstverständnis zum Thema haben.

- Zemfira – *Mjaso* (»Fleisch«)

Zemfira: *Mjaso*
(Single-Cover, 2022)

Seit über zwanzig Jahren gehört die Singer-Songwriterin Zemfira zu den Größen der russischen Rockmusik. Sie hat Millionen Platten verkauft und wurde gleichzeitig immer wieder öffentlich angefeindet – auch weil ihr Stil mehr an männliche Rockmusiker erinnert und nicht dem entspricht, was man im russischen Mainstream von einer Sängerin erwartet, nämlich vor allem ein hübsches Püppchen zu sein. Zemfira dagegen gilt als queeres Role Model, auch wenn sie sich nie öffentlich zu ihrer Sexualität geäußert hat.

Nach Beginn des Krieges im Februar 2022 teilte Zemfira Anti-Kriegs-Statements in den sozialen Medien und verließ Russland. Im Mai veröffentlichte sie dann ihr Anti-Kriegs-Lied *Mjaso* (»Fleisch«). Das Lied ist düster und mitreißend zugleich. Es beschreibt den Krieg aus nächster Nähe und nimmt die Perspektive eines Soldaten ein, der bloß Kanonenfutter ist. Im dazugehörigen Musikvideo sind Zeichnungen von Kriegsszenen zu sehen, die Leid und Tod widerspiegeln. Im Text heißt es:

Im Kalender steht der Frühling, aber in Wirklichkeit
Schützengräben und hochpräzise Langstreckenraketen
Es ist Mitternacht in Mariupol
[...]
Wo sind wir gelandet?
Warum sind wir hergekommen?

- Nogu Svelo! – *Bukwa Zju* (»Buchstabe Zju«), *Nasad, Rossija!* (»Zurück, Russland!«) und *Ukraina*

Nogu Svelo!: *Bukwa Zju* (Single-Cover, 2022)

Die beliebte Rockband Nogu Svelo! (dt. etwa »Krampf im Bein«) gibt es schon seit über dreißig Jahren und sie ist bekannt für ihre spielerisch-humorvollen, einfach gestrickten Lieder. Zwischen April und Juni 2022 veröffentlichte die Band gleich fünf Songs, die den Krieg in der Ukraine thematisieren.

Der Titel *Bukwa Zju* (»Buchstabe Zju«) ist ein Wortspiel mit dem russischen Ausdruck für die unnatürliche Verrenkung des menschlichen Körpers und bezieht sich gleichzeitig auf die aktuelle propagandistische Verwendung des Buchstabens Z. Der Liedtext spielt auf die Obsession der russischen Regierung für Feinde und ausländische Einflüsse an. Dass ausgerechnet ein Buchstabe aus dem »fremden« lateinischen Alphabet zum patriotischen Propagandasymbol wurde, gibt Anlass zur Satire:

Nogu Svelo!: *Ukraina* (Single-Cover, 2022)

Gibt es im russischen Alphabet etwa keine Buchstaben mehr?
Warum interessiert sie der Buchstabe »Z« so sehr?
Wer auch immer sich das ausgedacht, ist eindeutig Dissident.
Und ein Landesverräter, ein feindlicher Agent.

Das Lied *Nasad, Rossija!* (»Zurück, Russland!«) fordert Russland zur Umkehr auf und verdreht damit den Schlachtruf »Wperjod, Rossija!« (»Vorwärts, Russland!«), der unter anderem auch Titel eines furchtbaren patriotischen Songs von Oleg Gasmanow ist, für den das Wort cringe erfunden worden zu sein scheint. Das Lied von Nogu Svelo! wiederum ist eine Parodie auf patriotische Euphorie, Fußballlieder und Militarismus. Im Musikvideo sieht man neben Fußballspielen, bei denen ukrainische Fahnen geschwenkt werden, rückwärts abgespielte Aufnahmen von russischen Militärparaden und kriegerischen Handlungen: Die Soldaten marschieren dahin zurück, wo sie hergekommen sind, die Geschosse fliegen zurück in die Panzer.

Wer keine Angst vor Kitsch hat, kann sich außerdem das Lied *Ukraina* anhören, das die Band im Juni 2022 veröffentlichte. Das Lied ist so unfassbar pathetisch, dass es nur noch von den Bildern seines eigenen Musikvideos übertroffen wird. »Ukraine! Meine zweite Hälfte! Eine tödliche Lawine geht nieder vom Himmel«, singt Frontmann Maksim Pokrovsky, während er im folkloristischen weißen Leinenhemd auf einer saftigen Wiese steht. Anschließend sitzt er mit zwei Kindern auf Strohballen in einem Stall und singt: »Hab keine Angst, mein Sohn, der Luftalarm wird verstummen!«, und: »Hab keine Angst, meine Tochter! Die Liebe ist immer stärker!« Das Lied und das Video mögen übertrieben oder sogar albern erscheinen – doch auf YouTube finden sich unter dem Video unzählige Kommentare von Ukrainer*innen, die sich für die Unterstützung und die hoffnungsvolle Botschaft bedanken. *Ukraina* gehört zu den wenigen Liedern russischer Künstler*innen, die sich explizit an die ukrainische Bevölkerung richten, während viele andere Anti-Kriegs-Lieder eher selbstreflexiven Charakter haben oder die Lage innerhalb Russlands thematisieren.

• Noize MC – *Ausweis*

Noize MC gehört zu den interessantesten unter den populären Musiker*innen in Russland. Der Rapper und Poet steht für anspruchsvolle politische Texte. Schon 2011 trat er bei einer regierungskritischen Kundgebung auf und er war mehrfach von staatlichen Repressionen und Schikanen betroffen. Nach Beginn des Angriffskrieges verließ Noize MC Russland. Bei einem Benefizkonzert zugunsten der Ukraine im April 2022 in Warschau sang er zum ersten Mal sein Lied *Ausweis*. In der Videoaufnahme sieht man, wie Noize MC das Lied sichtlich bewegt als etwas ankündigt, was einfach raus musste, »als wäre dir schlecht und du müsstest kotzen«. Der Text des Liedes handelt von seiner Schuld und Ohnmacht als Russe – und von allen Russ*innen in der aktuellen Situation. »Es tut mir leid, wenn sich jemand deswegen schlecht fühlt – ich kann es einfach nicht für mich behalten«, sagt er, bevor er anfängt zu singen:

> **In einem Bunker stößt ein Baby sein letztes Schreien aus.**
> **Du hast es dir gut überlegt, die Umstände abgewogen und bist**
> **das Risiko nicht eingegangen:**
> **Ein erschöpfter Hintern auf einer warmen Couch, eingelullt**
> **von Lügen.**
> **Du bist viel mehr schuldig, als du jemals zurückzahlen kannst.**
> **Beschönige es nicht – auch du bist schuldig:**
> **In deinem Pass ist ein Mehrfachvisum für die ewige Hölle.**

- Little Big – *Generation Cancellation*

Die Rave-Band Little Big ist international bekannt für ihre aufwändigen, satirischen und vor allem provokativen Videos, die vor keinen Tabuthemen zurückschrecken. Eines ihrer bekanntesten Lieder heißt *Big Dick*. Politische Botschaften finden sich bei Little Big eher selten, und wenn, dann eher in Form von platten Symbolen und wenig konkreten Texten (z. B. in Zeilen wie »They wanna fuck you for free and exploit ya« aus dem Song *Public Enemy*). Mit *Generation Cancellation* haben Little Big, die nach Beginn der Invasion in die USA emigriert sind, nun ihren Kommentar zum Krieg veröffentlicht. Das Musikvideo ist wie immer etwas over the top, aber es liefert eindringliche Bilder zum Thema Fake News und Manipulation und kommentiert auch das Augenverschließen vor der hässlichen Realität, indem man in virtuelle Welten abtaucht. Den Krieg stellen sie als Verschwörung zweier alter Männer da, über deren Augen Rubel-, Dollar-, Yen- und Eurozeichen prangen. Ein Bild, das an problematische Narrative denken lässt wie die Behauptung, es handele sich beim Krieg in der Ukraine um einen Stellvertreterkrieg, an dem eigentlich die amerikanische Regierung schuld sei, sowie an das strukturell antisemitische Klischee des Strippenziehers im Hintergrund.

Little Big:
*Generation
Cancellation*
(Video, 2022)

Auf dem Online-Portal *Meduza* schreibt Nikolay Ovchinnikov, das Musikvideo sei »als zu vage in seiner politischen Aussage« kritisiert worden. Frontmann Ilya Prusikin habe darauf geantwortet: »Kunst ist etwas anderes als ein politisches Statement. Es wäre dumm gewesen, über Putin zu singen, dass er einen Krieg angefangen hat.« Betrachtet man den Text des Liedes unabhängig vom Video, findet man dort vor allem eine ernüchternde Beschreibung der Ohnmacht, die viele junge Menschen derzeit in Russland empfinden dürften:

My generation
Generation cancellation
I've got no, I've got no
I've got no voice
Die or leave, die or leave
I've got no choice

- Vasya Oblomov – *W Nazionalnych Interessach*
(»Im nationalen Interesse«)

Der Singer-Songwriter Vasya Oblomov ist für viele regierungskritische Menschen eine wichtige Stimme, seine Konzerte im In- und Ausland sind stets ausverkauft. Oblomovs Lieder sind musikalisch nicht besonders komplex, seine Texte dafür umso mehr. In ihnen greift er oft aktuelle Geschehnisse und politische Themen auf und verspottet mal Regierungspropaganda, mal Erzählungen von einer »nationalen Idee«. Eine Zeitlang war Oblomov sehr populär, seine Lieder sind in Soundtracks von Filmen zu hören und 2011 trat er sogar im Staatsfernsehen auf. Später spielte er seine Musik stattdessen bei Protestkundgebungen und er wurde von regimetreuen Journalist*innen als Landesverräter bezeichnet. In einem seiner eindrücklichsten Lieder, *Schit wsegda* (»Ewig leben«), beschäftigt er sich mit dem Schicksal politisch Verfolgter im 20. Jahrhundert. Im Refrain heißt es: »Wir werden ewig leben – in den Akten des FSB«.

Nach dem 24. Februar äußerte sich Oblomov kritisch zum Krieg in den sozialen Medien, blieb aber noch einige Monate in Russland, wo er auch versuchte, Konzerte zu spielen, die aber abgesagt wurden. Anfang Oktober 2022 veröffentlichte er dann seinen Kommentar zum Krieg in Liedform: *W Nazionalnych Interessach*. Darin geht es vor allem um die negativen Auswirkungen des Krieges im Inland: Statt für Renten und Infrastruktur wird Geld für Waffen in einem sinnlosen Krieg ausgegeben. Nur von seiner eigenen Gitarre begleitet, singt Oblomov:

Vor dem Morgengrauen liegt auf den Feldern der Tau.
Am Himmel über den schlafenden Dörfern
Fliegt ein Tomograf fürs Krankenhaus vorbei
und die Toiletten für die Dorfschulen.
Und gleich daneben fliegt es los,
zehnmal hintereinander, mit lautem Getöse,
das Budget für Raumfahrt und Wissenschaft,
für die Renten- und Gehaltserhöhungen.

- Bi-2 – *Kolybelnaja* (»Wiegenlied«)

Bi-2 gehören zu den bekanntesten Rockbands Russlands. 1985 in Belarus gegründet, ist die Band seit 1999 vor allem in Russland aktiv. Ihr düsterer Sound ist eine Mischung aus klassischem Rock und Dark Wave, die dazugehörigen Musikvideos sind meist in Rot und Schwarz gehalten und spielen mit Horrorelementen. Direkt geäußert zum Krieg in der Ukraine hat sich die Band nicht. Allerdings verweigerte sie bei einem geplanten Konzert in Omsk im April 2022 ihren Auftritt, weil über der Bühne ein Banner mit der Aufschrift »Za Presidenta!« (»Für den Präsidenten«, geschrieben mit dem als Propagandasymbol dienenden Buchstaben Z) angebracht war.

Bi-2: *Kolybelnaja* (Video, 2022)

Im Juni 2022 veröffentlichten sie dann ihr neues Lied *Kolybelnaja* (»Wiegenlied«). In der Videobeschreibung auf YouTube gibt die Band an, Song und Video seien einer 2021 verstorbenen Freundin gewidmet, doch die Bildsprache des Videos scheint einen anderen Bezug herzustellen. Der Clip ist wie immer düster und symbolisch, zu sehen sind darin unter anderem eine im Käfig eingesperrte Friedenstaube und eine Gruppe Kinder, denen unsanft die Köpfe rasiert werden – wie bei Soldaten. Auch der Text des Liedes lässt sich unschwer auf die aktuelle Lage beziehen:

Alles, was war, teilt sich ein in davor und danach
Wie soll ich damit weiterleben?
Ich werde es nicht vergessen können
Sing mir ein Wiegenlied
Damit dieser Albtraum endet
[...]
Die Tierwelt ist von Natur aus grausam
Aber es sind nicht Tiere, die den Abzug betätigen, es sind Menschen.

• Voices of Peace – *Kriokamery* (»Kryokammern«)

Dass der Albtraum enden soll – das ist auch der Tenor des Liedes *Kriokamery*. Der Bezug auf den Krieg ist darin aber viel deutlicher als bei Bi-2. Im Frühjahr 2022 begannen die Musiker*innen Noize MC, Monetochka und Vitya Isaev gemeinsam im Exil Benefizkonzerte für die Ukraine zu spielen, nun haben sie sich unter dem Namen Voices of Peace als Band zusammengeschlossen und ihre erste Single veröffentlicht – am 21. September 2022, Weltfriedenstag und gleichzeitig der Tag, an dem Putin die Teilmobilmachung verkündete. Der traurig-poetische Song, in dem sich Rap-Passagen mit Monetochkas lieblichem Popgesang abwechseln, handelt von der Angst vor einer weiteren Eskalation des Krieges und von dem Wunsch, eingefroren bzw. in Kryoschlaf versetzt zu werden, bis der Krieg vorbei ist:

Bald werden wir nichts mehr fühlen – alles wird gut,
Der verrückte alte Kobold wird seinen Willen bekommen.
Schneeflocken aus nuklearer Asche werden den Bunker bestreuen
Weckt uns auf, wenn der Februar endet.

Musik scheint die prädestinierte Kunstform der Gegenkultur zu sein: Sie kann einerseits politische Kritik in ihren Texten transportieren und damit viele Menschen erreichen. Und sie verbindet andererseits Gleichgesinnte in subkulturellen Szenen, die zum Selbstverständnis einer Undergroundkultur beitragen. Bei der gegenkulturellen Literatur ist das gar nicht so viel anders. Es existiert ein Nebeneinander größerer Namen, die mit kritischen Texten »durchkamen« und jetzt hauptsächlich aus dem Exil heraus schreiben, und einer selbstorganisierten Underground-Szene. Auch von Repressionen durch die Behörden ist kritische Literatur ebenso betroffen wie andere Formen kritischer Kunst – auch wenn es leichter ist, ein Konzert oder eine Ausstellung abzusagen, als die Verbreitung eines Textes zu verhindern. Ein literarischer Text mag vielleicht nicht die gleiche politische Schlagkraft haben wie ein virales Musikvideo, aber man sollte die Bedeutung von Literatur als gegenkulturellem Medium auch nicht unterschätzen.

Wie bei der Musik habe ich nicht versucht, alle Phänomene oppositioneller russischer Literatur zu berücksichtigen. Zu Beginn des Kapitels gebe ich aber einen Überblick, welche Räume für kritische Literatur vorhanden sind, welche Möglichkeiten sie innerhalb des offiziellen Literaturbetriebs hatte und hat und welche inoffiziellen Veröffentlichungsmöglichkeiten es gibt. Dabei geht es auch um die Auswirkungen, die die Ausweitung des Gesetzes gegen die »Propaganda nichttraditioneller Beziehungen« zu einem Verbot aller queeren Inhalte auf Autor*innen und Verlage haben wird. Anschließend stelle ich drei Autor*innen genauer vor, die auf sehr unterschiedliche Weise oppositionelle Literatur schreiben: Den etablierten Schriftsteller

Vladimir Sorokin, der in seinen Texten die Abgründe der staatlichen Ideologie und Politik gnadenlos bloßstellt, die im Exil lebende tatarische Independent-Autorin Dinara Rasuleva, die ihre Gedichte auf Telegram veröffentlicht und dekoloniale Lesungen organisiert, und den anarchistischen Dichter und Journalisten Pasha Nikulin, der weiter in Russland bleiben will und trotzdem nicht vorhat, zu schweigen. Den Abschluss des Kapitels bildet wieder eine »Playlist« bzw. dieses Mal eine Sammlung interessanter Bücher oppositioneller Autor*innen, die in deutscher Übersetzung vorliegen.

LITERATURBETRIEB UND UNDERGROUND – RÄUME FÜR KRITISCHE LITERATUR

Oppositionelle politische Literatur und experimentelle, avantgardistische Texte haben in Russland eine lange Tradition, an die Autor*innen bis heute anknüpfen. Für die künstlerische Auseinandersetzung mit der Absurdität, den Schrecken und den Widersprüchen in Putins Russland scheint das Medium der Literatur besonders geeignet zu sein, wie auch Irina Rastorgueva meint: »Das heutige Russland ist die weltweit größte Fundgrube für Schriftsteller-Absurdisten und -Anti-Utopisten: Man kann direkt an der Quelle arbeiten, ohne etwas erfinden zu müssen. Das gilt für alles Absurde, im komischen wie im tragischen Sinn.«

Tatsächlich gibt es einige Autor*innen, zum Beispiel Vladimir Sorokin, Viktor Jerofejew und Viktor Pelewin, die sich auf experimentelle, provokative Weise an der russischen Gegenwart abarbeiten. Sorokin und Jerofejew üben dabei auch deutliche Kritik an der Regierung und der staatlichen Ideologie. Trotz einiger Anfeindungen durch Putin-Anhänger*innen, Repressionen und Schikanen, sind sie etablierte Autoren. Ihre Texte werden viel gelesen und sogar in Uni-Seminaren diskutiert.

Doch das gilt nur für wenige oppositionelle Autor*innen. Im russischen Literaturbetrieb findet sich wenig Raum für politisches Schreiben. Autor*innen, die sich vor allem Sichtbarkeit auf dem russischen Markt wünschen und viele Bücher verkaufen wollen, müssen es sich zweimal überlegen, ob sie sich politische Themen vornehmen. Große Verlage veröffentlichen in der Regel keine kritische Literatur. Und finanzielle Unterstützung für Buchprojekte kommt vor allem vom Staat. Da der Großteil der im deutschsprachigen Raum bekannten russischen Gegenwartsautor*innen regierungskritisch ist, kann leicht der Eindruck entstehen, die aktuelle russische Literatur wäre sehr politisch und überwiegend oppositionell. Das ist aber nicht der Fall. Die große Mehrheit der veröffentlichten Bücher behandelt keine kontroversen Themen, sie sind entweder in politischer Hinsicht harmlos und bieten bloßen Eskapismus oder sie romantisieren die Realität und verfestigen bestimmte gesellschaftlich anerkannte Vorstellungen.

Autor*innen, die kritische Themen in ihren Werken behandeln und nicht zu den großen, etablierten Namen gehören, bekommen in der russischen Öffentlichkeit wenig Beachtung. Sergej Lebedew zum Beispiel, dessen letzter Roman *Das perfekte Gift* von der Entwicklung des Nervengifts Nowitschok und damit verübten Giftanschlägen handelt. Dieser wurde zwar in viele Sprachen übersetzt, aber in Russland selbst gab es nur wenig Resonanz, obwohl das Thema nach dem Anschlag auf Alexej Nawalny nicht aktueller hätte sein können. Literaturkritiker*innen warfen Lebedew vor, für den Westen zu schreiben – über Themen, von denen man im Westen denkt, dass russische Schriftsteller*innen von ihnen erzählen sollten.

Ich habe Sergej Lebedew im Jahr 2021 interviewt und nach oppositioneller russischer Literatur befragt. Er sagte mir – etwas überspitzt –, dass es eigentlich gar keine kritische Literatur in Russland gäbe. Zum Beispiel warte er immer noch auf einen Roman, der die Verbrechen des Tschetschenienkrieges kritisch aufarbeitet:

»Was ist die russische kritische Literatur? Ich habe diese Legende, dieses Einhorn, noch nie zu Gesicht bekommen. Ich habe noch nie echte Beispiele für eine Literatur gefunden, die sich wirklich kritisch mit dem auseinandersetzt, was zurzeit passiert.

Kritische russische Literatur wurde von Anna Politkowskaja geschrieben, aber wir wissen, wie das ausging. Ich meine, wir haben eine Vielzahl von Literaturen, wir haben zum Beispiel kritische oder semikritische Literatur über die stalinistische Vergangenheit, wir haben ein paar Sachen, die ein bisschen kritisch eingestellt sind zu dem, was heute passiert, aber wenn wir, sagen wir mal, die lange Liste der heißen Themen und Probleme der letzten dreißig Jahre ansehen und sie mit den literarischen Büchern vergleichen, die in dieser Zeit geschrieben wurden, dann sieht man, dass die Literatur und die Realität in überhaupt keiner Verbindung zueinander stehen.«

Viele Menschen in Russland wollen lieber etwas lesen, das sie von der Realität ablenkt, sie beruhigt, sagt Lebedew. Etwas, das ihnen bestätigt: »Die Vergangenheit war gar nicht so schlecht, wie sie dargestellt wurde, und in Zukunft wird alles ein wenig besser werden.« Es gäbe durchaus auch viele Menschen die »etwas Echtes« lesen wollen, aber sie fänden keine entsprechenden Bücher. Die meisten Autor*innen betrieben aus Angst Selbstzensur und schrieben erst gar keine kritischen Texte. »Für mich besteht die russische Gegenwartsliteratur aus ungeschriebenen Büchern, nicht aus denen, die tatsächlich geschrieben wurden«, sagt Lebedew.

Doch es gibt auch Verlage, die Wagnisse eingehen und Bücher veröffentlichen, die nicht mit der staatlichen Ideologie konform gehen. In den letzten Jahren ist ein ganzes Netzwerk an unabhängigen Verlagen entstanden, teilweise an Buchläden angegliedert. Zu den erfolgreichsten von ihnen gehören die beiden Schwesterverlage Popcorn Books und individuum aus Moskau. Bei individuum erscheint vor allem Non-Fiction zu kontroversen Themen, zum Beispiel haben sie Bücher über russische Hacker, organisierte Kriminalität und Propaganda veröffentlicht. Außerdem ein Buch von Alexej Nawalnys Bruder Oleg, in dem er seine dreieinhalb Jahre im Gefängnis beschreibt. Popcorn Books hat sich auf Romane für junge Erwachsene spezialisiert, die sich mit queerer Identität, Rassismus, Sexismus und Mental Health beschäftigen. Angefangen haben die beiden Verlage als Kleinstprojekt, mittlerweile sind sie zu einem mittelgroßen Unternehmen mit etwa dreißig Mitarbeiter*innen angewachsen. Allerdings hat die Hälfte von ihnen Russland bereits verlassen.

Im Oktober 2022 habe ich Felix Sandalov und Alexei Dokuchaev von individuum sowie Yana Markovich von Popcorn Books auf der Frankfurter Buchmesse zum Interview getroffen. Sie haben mir von ihren Strategien und den Möglichkeiten erzählt, kritische oder queere Literatur in Russland zu veröffentlichen. »Es gab immer die Annahme, dass die Staatsbeamten keine Bücher lesen und man deshalb mehr Spielräume hat«, sagt Alexei Dokuchaev. Während die Behörden das Internet automatisiert mit Crawlern nach verdächtigen Begriffen durchforsten, muss ein Buch mit solchen Inhalten erst einmal in den Fokus der Ermittler*innen geraten. Da der Buchmarkt bisher nicht systematisch überwacht wird, passiert das vor allem, wenn eifrige Bürger*innen besorgte E-Mails an die Behörden schreiben. Eine gewisse Vorsicht bei der Vermarktung der Bücher ist deshalb Teil der Strategie von Verlagen wie Popcorn Books und individuum. Sie machen zwar viel Werbung für ihre Bücher, achten dabei aber auf die Art der Präsentation. »Es macht einen Unterschied, ob man direkt deutlich macht, dass es um kritische Themen geht, oder ob es eher im Vagen bleibt«, so Dokuchaev. Das Buch *Sam seks* (»Der Sex selbst«) von Sasha Kazantseva, das der Verlag vor kurzem herausgebracht hat, ist dafür ein gutes Beispiel. Felix Sandalov erklärt:

»Das ist ein inklusives Sex-Handbuch für das 21. Jahrhundert. Aber so, wie wir das Cover gestaltet haben, würde man nie darauf kommen, dass es zum Beispiel auch für lesbische Frauen ist. Es geht unter anderem auch darum, wie man Sex mit trans Personen hat. Aber das schreiben wir natürlich nicht auf das Cover.«

Der Versuch, möglichst viel Aufmerksamkeit bei der Zielgruppe der Bücher zu erreichen und gleichzeitig nicht in den Fokus der Behörden zu geraten, ist jedes Mal aufs Neue ein Balanceakt. Beide Verlage versuchen, möglichst breit Werbung zu machen, aber passen je nach Medium an, wie viel sie über den Inhalt preisgeben. So werden etwa bei Anzeigen in Zeitungen, die auch von Konservativen gelesen werden, heikle Themen ausgespart. Dass die beiden Verlage relativ klein sind und wenig Aufmerksamkeit erregten, hat sie lange vor Repressionen bewahrt.

Katerina Silvanova und Elena Malisova: *Leto w pionerskom galstuke* (Buchcover, 2021)

Doch 2021 geschah etwas Unerwartetes: Popcorn Books veröffentlichten den queeren Roman *Leto w pionerskom galstuke* (»Ein Sommer im Pionierhalstuch«) von Katerina Silvanova und Elena Malisova – und verkauften, Stand Oktober 2022), über 250.000 Exemplare. Eine schwule Liebes- und Coming-of-age-Geschichte wurde zum Bestseller – eine Sensation. Yana Markovich, Cheflektorin von Popcorn Books, erzählt, dass das Buch bei jungen Leuten schon populär war, bevor es erschien. Die beiden Autorinnen hatten den Text zuerst online veröffentlicht und die romantische Geschichte über zwei junge Männer, die sich im Pionier-Sommerlager kennenlernen, ging in TikTok-Videos viral.

»Die Leser*innen von *Ein Sommer im Pionierhalstuch* sind sehr junge Leute, die sind offen und nicht homophob. Dieser Fall zeigt, dass trotz all der staatlichen Propaganda gegen Homosexualität die Leute trotzdem noch Bücher zu diesen Themen kaufen«, sagt Markovich.

Der große Erfolg des Buchs brachte den Autorinnen und dem Verlag schließlich die gefürchtete Aufmerksamkeit des Regimes und seiner Anhänger*innen ein. Es gab Medienkampagnen gegen das Buch und den Verlag. Der nationalistische Schriftsteller Sachar Prilepin sagte öffentlich, dass er nicht traurig darüber wäre, wenn jemand den Verlag anzünden würde, und Fernsehpropagandist Kisseljow nahm das Buch in den Abendnachrichten auseinander, wo er sogar laut daraus vorlas. »Es war bizarr, manchmal sogar komisch«, so Dokuchaev.

Doch die Drohungen wurden so massiv, dass die beiden Autorinnen des Romans Russland verlassen mussten. Dieser große Erfolg eines Buches mit queerer Thematik wird nun sehr weitreichende Folgen für die Rechte queerer Menschen und das Recht auf freie Meinungsäußerung haben. Denn dass eine verschärfte Form des Gesetzes gegen die sogenannte »Propaganda nichttraditioneller Beziehungen« ins Parlament eingebracht wurde, dürfte auch eine Reaktion auf die Beliebtheit von *Ein Sommer im Pionierhalstuch* sein, die deutlich machte, dass viele, vor allem junge Menschen in Russland die staatliche Queerfeindlichkeit nicht teilen. Yana Markovich und ihre Kolleg*innen sind sich sicher: »Das hat unser Verlag getriggert, es ist gegen uns gerichtet.« In einer Parlamentsanhörung Mitte Oktober 2022 wurde im Zusammenhang mit dem Gesetzesentwurf intensiv über Popcorn Books gesprochen.

Im Herbst 2022 weiß man noch nicht, wie genau das Gesetz umgesetzt werden wird. Aber es ist sehr wahrscheinlich, dass bald jedes Buch, jeder Film, jedes Lied, in dem queere Themen vorkommen, in Russland verboten sein wird. Und theoretisch heißt das auch, dass es keine Artikel, keine Webseiten, Blogbeiträge und Posts in den sozialen Medien mehr geben darf, in denen Homosexualität oder andere queere Identitäten vorkommen. Die Implementierung des Gesetzes wird katastrophale Folgen haben – für LGBTQ-Personen, für Künstler*innen, für die gesamte russische Gesellschaft. Unklar ist allerdings, wie ein so umfassendes und einschneidendes Gesetz durchgesetzt werden kann. Um alle Veröffentlichungen auf queere Inhalte zu prüfen, müsste die Regierung eine neue Zensurinstanz schaffen, die entscheidet, was veröffentlicht werden darf, meint Alexei Dokuchaev. Und theoretisch müssten dann auch zahlreiche Literaturklassiker und Übersetzungen von Werken aus anderen Sprachen aus den Regalen genommen werden. Da dieser Aufwand für die Behörden kaum leistbar erscheint, vermuten Dokuchaev und seine Kolleg*innen, dass man sich auf eifrige Bürger*innen verlassen wird, die »Anstößiges« melden, und auf Geschäfte, die entsprechende Produkte aus vorauseilendem Gehorsam nicht mehr verkaufen. Verlagen wie Popcorn

Books und individuum wird es jedenfalls nicht möglich sein, ihre Arbeit fortzusetzen, ohne zu riskieren, auf Basis des Gesetzes verurteilt zu werden. Yana Markovich hofft, dass es vielleicht Schlupflöcher im Gesetz geben wird – oder, »dass das der Anfang vom Ende dieser Regierung sein wird«.

Für die unabhängigen Verlage hat sich die Lage mit Beginn des Krieges erheblich verschlechtert. Der Druck der Behörden ist auch für sie stärker geworden. »Früher hat man Katz und Maus mit ihnen gespielt – jetzt ist man wirklich zu ihrem Feind geworden«, sagt Felix Sandalov. Aber das ist nur die eine Seite. Den Verlagen ist auch ihr Publikum abhanden gekommen. Ein großer Teil der liberal eingestellten Leserschaft hat seit Beginn des Krieges das Land verlassen. Einige Verlage haben deshalb ihren Geschäftsbetrieb eingefroren und produzieren vorerst keine neuen Bücher. Während oppositionelle Medien im Ausland weiterarbeiten und ihre Beiträge im Internet teilen, ist es für einen Verlag nicht möglich, auf die gleiche Weise vom Ausland aus zu arbeiten, weil dann kein Zugang mehr zum Buchmarkt im Land besteht.

Yana Markovich erzählt, dass sie gerne weitermachen würde, aber nicht in Russland bleiben will. Sie und ihre Kolleg*innen befinden sich in einer Zwickmühle. Sie wollen Russland verlassen oder haben es schon getan, können aber ihre Verlage nicht komplett aus dem Ausland heraus betreiben. Zu verlangen, dass Leute in Russland bleiben, um die Geschäfte weiterzuführen, und damit deren Freiheit zu riskieren, sei aber auch unverantwortlich. Letztendlich werden sie eine Alternative im Ausland finden müssen, vielleicht einen Exilverlag gründen. Felix Sandalov sagt: »Niemand kann uns unser Wissen, unsere Erfahrung und unsere Kontakte nehmen. Wir müssen tun, was wir können.« Noch wollen die Verlage das Publizieren in Russland aber nicht aufgeben. Trotz der drohenden Gesetzesverschärfung kündigte individuum Mitte November 2022 an, ein Buch über die Geschichte der Homosexualität in der Sowjetunion zu veröffentlichen.

Am 24. November 2022 wurde das neue Gesetz gegen die Verbreitung von »Propaganda nichttraditioneller Beziehungen« schließlich vom russischen Parlament endgültig verabschiedet. Betroffen von dem Verbot, das in strenger Auslegung jegliche positiven oder neutralen Thematisierungen von Homosexualität und queeren Identitäten verbietet, sind sämtliche Print- und Onlinemedien sowie Werbung, Filme und Bücher. Für Verstöße gegen das Gesetz sind Geldstrafen von bis zu 5 Millionen Rubel vorgesehen.

Bücher wie die von Popcorn Books und individuum wird man in Zukunft wohl nur in geschützten Onlineräumen oder im Selbstverlag veröffentlichen können – wenn überhaupt. Vielleicht wird es aber auch die Möglichkeit geben, weiterhin mit kleinen Auflagen und unauffälligen Titeln unter dem Radar der Behörden zu bleiben. »Wir werden zu den Zeiten von Samisdat und Raubkopien zurückkehren«, meint Alexei Dokuchaev, der kurz nach unserem Gespräch von der russischen Regierung zum ausländischen Agenten erklärt wurde.

Kleine Underground-Projekte, die es ermöglichen, Texte in geschützten Räumen zu teilen, gibt es bereits jetzt viele – zum Beispiel Zines mit queeren Texten, Telegram-Channels mit anarchistischer Lyrik oder DIY-Festivals für feministische Literatur. Sie bieten die Möglichkeit, kritische Texte ohne die Einschränkungen oder Gefahren des Literaturbetriebs zu veröffentlichen. Ein großes Publikum haben sie nicht, dafür bieten sie Raum für Literatur ohne Zensur oder Selbstzensur. Solche selbstorganisierten Literatur-Projekte entstehen vor allem aus gegenkulturellen Szenen wie der anarchistischen oder der feministischen Bewegung heraus.

Queere und feministische Texte findet man zum Beispiel online auf dem Blog *F-pismo* (»F-writing«), der aus feministischen Schreibworkshops in Sankt Petersburg hervorging, aber an kein bestimmtes Format gebunden ist. Ein wichtiges Merkmal von solchen unabhängigen Projekten ist die Abwesenheit von Hierarchien. So wird bei vielen Zines und Blogs nicht bewertet, ob ein Text gut oder schlecht geschrieben ist, sondern darauf geachtet, dass diejenigen eine Stimme bekommen, die im offiziellen Diskurs keinen Platz haben. In Schreibkursen wie dem russischen Ableger von *Write Like A Grrrl* können Autor*innen gemeinsam an ihren Texten arbeiten, ohne autoritäre Vorgaben und Abwertung fürchten zu müssen.

Nesnanije (»Nichtwissen«) heißt ein Literatur-Zine, das von drei Frauen herausgegeben wird. Es sind bereits fünf Ausgaben erschienen, die man in einigen unabhängigen Buchhandlungen oder online kaufen kann. Es gibt keine inhaltlichen oder stilistischen Vorgaben für die Texteinsendungen, aber sexistische oder anderweitig diskriminierende Texte würden sie nicht veröffentlichen, sagen die Herausgeberinnen in einem Interview mit *Afischa*. Auf ihrer Website schreiben sie:

Literatur-Zine *Nesnanije*

> **»Wir interessieren uns für Texte, die am Rande der literarischen Welt entstehen, innerhalb und außerhalb ihrer Institutionen, für Texte, die gerade erst geschrieben wurden und die versuchen, die Gegenwart, ihre Sprache, Praktiken und Phänomene zu ergründen.**
>
> **Literatur ist für uns auch eine soziale Praxis. Wir wollen, dass mehr kompromisslose künstlerische Texte auf Russisch erscheinen. Wir sind an mutigen Themen, ungewöhnlichen Formaten und neuen Stimmen interessiert.«**

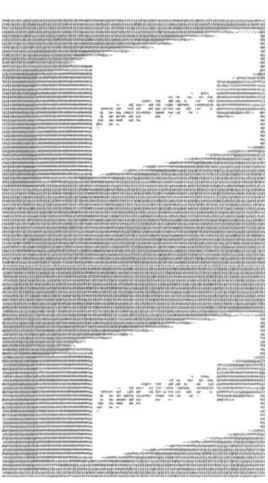

Lyrik-Zine *LIRIKA*

Während *Nesnanije* verschiedenen Formaten Raum gibt – literarischen und künstlerischen –, ist das Zine *LIRIKA*, das im klassischen DIY-Style gestaltet ist, auf Underground-Lyrik spezialisiert. »Punk-Zine für alternative Poesie«, heißt es in der Selbstbeschreibung. Zusätzlich zu den gedruckten Zines werden Gedichte auch im Telegram-Kanal von *LIRIKA* veröffentlicht. Die Themen und Stile sind vielfältig. Man findet dort zum Beispiel ein satirisches Gedicht von Dschamil Nilow aus dem Jahr 2021:

> Du sagst: »Da ist ein Loch in der Straße. Das muss repariert werden.«
> Und man antwortet dir: »Glaubst du, in den USA gibt es keine Löcher in der Straße?«
> Du sagst: »Da ist ein Loch in der Straße. Das muss repariert werden.«
> Und man antwortet dir: »In der Ukraine sind die Löcher noch größer!«
> Du sagst: »Da ist ein Loch in der Straße. Das muss repariert werden.«
> Und man antwortet dir: »Im Krieg gab es hier überhaupt keine Straßen und man hat trotzdem überlebt!«
> Du sagst: »Da ist ein Loch in der Straße. Das muss repariert werden.«
> Und man antwortet dir: »Fang erst mal bei dir selbst an, dann kannst du immer noch die Straßen kritisieren!«
> Du sagst: »Da ist ein Loch in der Straße. Das muss repariert werden.«
> Und man antwortet dir: »Frag nicht, was die Straße für dich tun kann. Frag, was du für die Straße tun kannst!«
> Du sagst: »Da ist ein Loch in der Straße. Das muss repariert werden.«
> Und man antwortet dir: »Verleumdung! Das ist kein Loch, das ist negatives Asphaltwachstum!«
> Du sagst: »Da ist ein Loch in der Straße. Das muss repariert werden.«
> Und man antwortet dir: »Anklage wegen Verbreitung wissentlich falscher Informationen.«

Nilows Gedicht macht sich lustig über typische Propaganda-Phrasen und Whataboutism – und zeigt dabei gleichzeitig deutlich die Brutalität der politischen Verhältnisse und die Gefahr politischer Verfolgung. Es ist ein Lachen, das einem im Halse steckenbleibt, wenn man weiß, dass es tatsächlich in der Macht des Staates liegt, willkürlich Leute wegen der angeblichen »Verbreitung falscher Informationen« ins Gefängnis zu bringen. Auch das ist etwas, das kleine, unabhängige Projekte ermöglichen: Die Dinge auf den Punkt zu bringen.

ZERSTÖRUNG DER IDYLLE: VLADIMIR SOROKIN

Eines der wenigen Beispiele von Autor*innen innerhalb des offiziellen Literaturbetriebs, die in ihrer Literatur deutliche Kritik am Putin-Regime üben, ist Vladimir Sorokin. Sorokin, der mittlerweile im Exil in Berlin lebt, gehört zu den bekanntesten russischen Gegenwartsautor*innen und dürfte die wichtigste Stimme der literarischen Opposition sein. Bereits seit den 1970er Jahren, als er erste Texte in Zeitungen und im Samisdat, im Selbstverlag, veröffentlichte, sorgt er mit seinen radikalen Erzählungen, Romanen und Theaterstücken für Aufsehen. Indem er typische literarische Stile aufruft, mit ihnen spielt, sie übersteigert, ins Groteske zieht oder buchstäblich zur Auflösung der Sprache treibt, dekonstruiert er den sozialistischen Realismus, den klassischen Roman des 19. Jahrhunderts und populäre Genres wie Krimi und Thriller. Die explizite Beschreibung von Sex, Gewalt und Rausch sowie die Verwendung von Mat und anderen »unfeinen« Ausdrücken haben ihm den Ruf eines Skandalautors eingebracht und er stand bereits vor Gericht, weil ihm die Verbreitung von Pornographie vorgeworfen wurde. Gleichzeitig wird die hohe literarische Qualität seiner Werke anerkannt und er wurde bereits mit mehreren Literaturpreisen ausgezeichnet.

Seit Beginn der 2000er Jahre haben Sorokins Werke mehr und mehr dystopische Züge angenommen. Reale Tendenzen in der russischen Gesellschaft wie Traditionalismus und Autoritarismus steigert er zu Zukunftsbildern, in denen Hochtechnologie und mittelalterliche Foltermethoden eine gruselige Symbiose eingehen. Mit Stilmitteln wie Übertreibung und Groteske zerrt er die Gewalt, den Chauvinismus und den Nationalismus des heutigen Russlands an die Oberfläche und macht somit die Realität in ihrer ganzen Absurdität greifbar.

Sorokin beschrieb in seinem Roman *Der Tag des Opritschniks*, der 2006 erschien, die Zukunft Russlands als unheilvolle Verschmelzung von Staat und Kirche, von Nationalismus und Orthodoxie, als monarchistisch anmutende Gewaltherrschaft, die komplett vom Westen isoliert ist – ein Szenario, das heute weitaus weniger abwegig erscheint

Vladimir Sorokin: *Der Tag des Opritschniks* (Buchcover, 2006)

als beim Erscheinen des Buches und langsam von der Realität eingeholt zu werden scheint. Der Erzähler des Romans ist ein Opritschnik, ein Gefolgsmann des Herrschers. Sein Tag ist mit Hinrichtungen, Folter, Vergewaltigungen und Gottesdienst gut gefüllt. Seine Gedanken sind voller Hass auf die Feinde des Vaterlands, die die Ordnung gefährden wollen und deshalb mit allen Mitteln bekämpft werden müssen. In der Kirche betet er für Gottes Unterstützung im Kampf gegen die Feinde.

Sorokin kommt in seinen dystopischen Texten dem, was orthodoxe Nationalisten tatsächlich für Russlands Zukunft anstreben, erschreckend nahe. So schreibt die Literaturwissenschaftlerin Ekaterina Vassilieva in ihrem Essay *Fantasie an der Macht*, dass die Rechte in Russland, zum Beispiel Alexander Dugin und andere Anhänger*innen des Eurasismus, mit Bildern operiert, »die den sorokinschen verdächtig nahekommen, wobei die Kritik und ihr Gegenstand fast ununterscheidbar werden«. Sie nennt sogar Beispiele von rechten Intellektuellen, die sich positiv auf Sorokin beziehen und in seinen Büchern eine »vielversprechende Zukunft vorgezeichnet« sehen. Tatsächlich lässt Sorokin die nationalistischen, gewaltverherrlichenden Ideologien und Tendenzen in Russland »lebendig« werden, indem er zeigt, welche hässliche, groteske Welt entsteht, wenn man sie zu Ende denkt. Dass das den Anhänger*innen dieser Ideologien gefällt, ist keine Überraschung. Einige Kritiker*innen sprechen deshalb Sorokin ab, emanzipatorische oppositionelle Literatur zu verfassen. Aus queerfeministischer, dekolonialer Perspektive wird argumentiert, Sorokin würde bloß patriarchales, autoritäres, koloniales Denken reproduzieren.

Ohne Zweifel – in Sorokins Texten findet sich all das, es finden sich auch schreckliche Szenen von Gewalt und sexuellem Missbrauch. Aber sie dienen der Bloßstellung eines gewaltvollen, patriarchalen, imperialistischen Systems. Entscheidend ist, dass Sorokin das zutiefst

Gewaltvolle, Verbrecherische in der staatlichen Ideologie des Putin-Regimes auch für diejenigen in aller Konsequenz sichtbar macht, die naiv oder gleichgültig auf die politischen Veränderungen geschaut haben. Entsprechend schreibt Vassilieva:

> »Bei alldem darf man die emanzipatorische Wirkung, die von Sorokins Werken gerade in Bezug auf die Reflexion der psychologischen Voraussetzungen der autoritären Macht ausgeht, nicht leugnen. Die Drastik, mit der ihre Effekte auf das Individuum veranschaulicht werden, ist ein wichtiges Instrument der Erkenntnis, wenn es darum geht, ihre Mechanismen zu durchschauen und einer Kritik zu unterziehen. Dass auch solche Texte im heutigen Russland als Rechtfertigung der politischen Gewalt und imperialer Ansprüche verstanden werden können, spricht keinesfalls für einen künstlerischen Fehler, sondern lässt sich eher als ein beunruhigendes Symptom deuten, das eine neue Epoche der ideologischen Vereinnahmung der Literatur einläutet.«

Es ist vor allem ein Stilmittel, das sich von Anfang an durch Sorokins Texte zieht und das seine Literatur zu einer gegenkulturellen Stimme macht, die die offizielle Kultur aufbricht und bloßstellt: Er imitiert Bilder und Stile, die ein normiertes, romantisches Russlandbild entstehen lassen – um es dann gewaltvoll zu brechen. Da stehen zum Beispiel gemütliche Datschen in Birkenwäldchen und die Butter duftet auf den Blinis, bis sich – mal sehr plötzlich, mal eher subtil – das Grauen offenbart. Das kann verschiedene Formen annehmen: vom Stilbruch in der Sprache bis zur Beschreibung von Gewaltexzessen, die aus dem Nichts zu kommen scheinen. Sorokin durchbricht so den Schein, die Illusion von heimeliger Unschuld, das Bild vom schönen, friedlichen Russland, wo man die Natur und die Poesie liebt, durch den Schnee spaziert und anschließend einen heißen Tee trinkt, ohne auch nur im Entferntesten daran zu denken, seinen Nachbarn zu denunzieren oder ein Nachbarland zu überfallen. Sorokin zerstört die Idylle, entlarvt sie als Lüge, die die Gewalt des Systems verdeckt.

Zu Sorokins eindrücklichsten Texten der letzten Jahre gehört die satirische Erzählung *Lila Schwäne* aus dem Jahr 2017. Darin entwirft Sorokin das groteske Szenario, das Uran in den russischen Atomsprengköpfen habe sich über Nacht in Zucker verwandelt. Verzweifelt versuchen hohe Vertreter aus Politik, Militär und Kirche, das Problem zu lösen. Sie wenden sich mit letzter Hoffnung an einen alten Mönch, der direkten Kontakt zu Gott haben soll. Es steht viel auf dem Spiel, denn das unerwartete Ereignis stellt die militärische Stärke Russlands infrage. Das Wissen, immer für alle Fälle ein paar Atomraketen parat zu haben, hält das Land im Inneren zusammen und garantiert ihm seinen Platz in der Welt.

Auch ein staatstreuer Künstler ist unter denjenigen, die Russlands Stärke retten wollen. Sein Lösungsvorschlag besteht in Propaganda, die die Gegenseite permanent niederredet, bis alle verstanden haben, »in welch großartigem Land wir leben und wie viel wir gemeinsam zu tun imstande sind, wie vieles wir noch vor uns haben und was für einen vortrefflichen Präsidenten, was für hervorragende Militärs, Generäle, Starzen und Heilige«. Doch die meisten Vertreter der Macht sind sich einig, dass das in diesem Fall nicht reichen wird. Der Abgesandte, der schließlich beim alten Mönch vorspricht und um Hilfe von ganz oben bittet, um den Zucker wieder in Sprengköpfe zu verwandeln, fasst das Problem treffend zusammen:

> »Ihr wisst, wo wir alle leben, in welchem Land, welchem Staat. Hier ist alles, als ob. Ruhe – als ob, Freiheit – als ob, Gesetze – als ob, Ordnung – als ob, ein König – als ob, Bojaren – als ob, Knechte – als ob, Adel – als ob, Kirche – als ob, Kindergarten – als ob, Schule – als ob, Parlament – als ob, Gerichte – als ob, Krankenhäuser – als ob, Fleisch – als ob, Flugzeuge – als ob, Wodka – als ob, Business – als ob, Autos – als ob, Fabriken – als ob, Straßen – als ob, Friedhöfe – als ob, Rente – als ob, Käse – als ob, Frieden – als ob, Krieg – als ob, Heimat – als ob. […] Echt ist bei uns nur dieser Sprengkopf. Nur dieses Uran, das Lithiumdeuterit. Das funktioniert. Wenn auch das noch zum Als-ob wird, dann ist gar nichts mehr da. Nur noch eine große Leere.«

In den vielen »Als-obs« dieses Monologs lassen sich Anspielungen auf die verschiedensten politischen und gesellschaftlichen Themen und Probleme finden – von der Frustration über schlechte Straßen und den sanktionsbedingten Importstopp von Käse aus Frankreich und anderen EU-Ländern über Rentenkürzungen und korrupte Richter bis hin zur Substanzlosigkeit der Ideologie von Heimat und Orthodoxie. Und vor allem wird deutlich, dass die militärische Stärke wohl das Einzige ist, was Putins Regime noch bleibt, um seine Existenz aufrecht zu erhalten. Sorokin zeigt ein Land am Ende, einen Staat, der nur noch durch die Androhung von Gewalt zusammengehalten wird. Es ist die Aggression nach außen, die die Leere im Innern verdecken soll. Der Angriff auf die Ukraine, die endlosen Atombomben-Drohungen im Staatsfernsehen – es ist, als wäre all das schon fünf Jahre zuvor in Sorokins Erzählung sichtbar gewesen.

Sorokin stellt das System und seine Ideologie bloß, verhöhnt es in einer Deutlichkeit, die man bei anderen oppositionellen Autor*innen – ob im Exil oder in Russland – vergeblich sucht. Doch während seine Stimme als etablierter, auch im Ausland viel gelesener Autor weiter hörbar sein wird, darf nicht vergessen werden, dass viele andere kritische Autor*innen nicht die Möglichkeit haben, ihre Texte zu veröffentlichen.

TATARISCHE IDENTITÄT UND DEKOLONIALES SCHREIBEN: DINARA RASULEVA

Der russische Literaturbetrieb lässt nicht nur wenig Raum für regierungskritische oder queere Stimmen, sondern auch für Autor*innen, die keine ethnischen Russ*innen sind, sondern einer der anderen in Russland lebenden Bevölkerungsgruppen angehören. Tatar*innen, Baschkir*innen, Tschetschen*innen oder Tschuwasch*innen zum Beispiel finden kaum Gehör, ihre Sprachen werden durch das allgegenwärtige Russisch verdrängt und ihre Kulturen in der ideologischen Erzählung von der großen russischen Kultur nicht als eigen-

Dinara Rasuleva

ständig anerkannt. Auch dass diese Bevölkerungsgruppen nicht zufällig Teil Russlands sind, sondern aufgrund von Kolonisation, Gewalt und Unterdrückung, wird in der Mehrheitsgesellschaft kaum reflektiert. Mittlerweile finden allerdings dekoloniale Perspektiven und diverse nichtrussische Identitäten vermehrt Eingang in die Gegenkultur, zum Beispiel im Kontext queerfeministischer Underground-Literatur. Seit mit Beginn des Angriffskrieges der russische Imperialismus überdeutlich sichtbar wurde, befragen mehr und mehr russischsprachige Autor*innen, die keine ethnischen Russ*innen sind, ihre eigene Identität.

Für die Dichterin und Aktivistin Dinara Rasuleva ist ihre tatarische Identität schon seit Jahren ein wichtiges Thema ihrer Texte. Rasuleva kommt aus Kasan, der an der Wolga gelegenen Hauptstadt von Tatarstan, und lebt seit ein paar Jahren in Berlin im Exil. Ihre Gedichte veröffentlicht sie zum Beispiel auf ihrem Telegram-Kanal oder im Online-Magazin *Stadtsprachen*. Rasuleva nimmt außerdem an Poetry Slams teil und zusammen mit der Künstler*in allapopp hat sie TATAR KYZ:LAR gegründet, ein Performanceprojekt, das elektronische Musik und Poesie verbindet. In einer Veranstaltungsankündigung wird das Projekt folgendermaßen beschrieben:

>**»Es kombiniert poetische und auditive Elemente, die sich um dekoloniale Perspektiven in den verflochtenen Beziehungen zwischen patriarchalischer tatarischer Mentalität, der Dominanz der russischen Mentalität, Queerness und ihrem Platz für die expandierende russisch- und tatarischsprachige Diaspora im Westen drehen.«**

Rasuleva bietet außerdem feministische Schreibworkshops auf Russisch an und publiziert die dort entstandenen Texte in ihrem eigenen kleinen Verlag NAPISHI press. Hierarchiefreiheit ist für Rasuleva, die ich im Mai 2022 zum Interview in Berlin getroffen habe, ein wichtiger Aspekt dieses Projekts: »Es gibt keine vertikale Struktur. Ich wähle nicht aus, wer gut schreibt oder nicht so gut. Es gibt keine subjektive Entscheidung darüber, ob ein Text Wert hat oder nicht. Alle sollen eine Stimme haben, vor allem diejenigen, die in Russland kaum Gehör finden.«

Aktuell findet sie es besonders wichtig, Geflüchteten aus der Ukraine eine Stimme zu geben, und bietet deshalb Kurse in feministischem Schreiben speziell für geflüchtete Frauen aus der Ukraine an. Zur Unterstützung der Menschen in der Ukraine hat sie auch Benefizlesungen organisiert, bei denen Texte mit feministischen und dekolonialen Themen vorgetragen wurden.

In ihrem eigenen Schreiben beschäftigt sich Rasuleva mit ihrer tatarischen, aber auch mit ihrer russischen Identität – und mit der Gewalt des russischen Regimes. Zum Beispiel in dem von ihr selbst ins Englische übersetzten Gedicht *Bury the russian in you*:

I picked at the scab of my russia wound
I picked at a sore of russia on my skin
I got rid of russia from within
By tearing russia off myself
By tearing myself off russia
but still: where are you from – i'm from russia.
Still, you can't smoke up your motherland
no matter how wasted, how fucked up you are
birthplace is always: soviet rus.
aren't you ashamed that you are from russia?
go, wash yourself – you're from russia.
you can't wash it away, you're from Russia
russia russia russisisia
rusasaiaisisaasiaa

creeps out of me our sacred EMPIRE
screams out of my mouth our sacred EMPIRE
runs through my veins the hit of EMPIRE
the sacredest purest strongest EMPIRE
cut your hand – let the russian blood out of a non-russian body
cut your leg – let the russian blood out of a non-russian body
cut yourself in your russian non-russian leg – let the russia
blood out
cut the russia from you
bury the russian in you
let the sacred blood drip where it belongs

Rasuleva schreibt ihre Gedichte meistens auf Russisch. Bevor sie in die Schule kam, hat sie zu Hause nur Tatarisch gesprochen, aber heute hat sie vieles vergessen und spricht die Sprache nur noch auf basalem Level. Rasuleva erzählt:

> »Alles war auf Russisch. In der Schule hatten wir zwar auch ein wenig Tatarisch, aber das meiste war auf Russisch. Tatarisch galt als uncool, als eine Art ›Dorfsprache‹, während Russisch als cool wahrgenommen wurde. 2017 wurde sogar ein neues Gesetz eingeführt, dass Tatarisch in der Schule nur noch optional angeboten wird. Es gibt auch keine moderne Literatur oder Musik auf Tatarisch.«

Erst als die Autorin nach Deutschland kam, begann sie sich im Austausch mit anderen, die ähnliche Erfahrungen gemacht haben, mit den kolonialen Hintergründen dieser Entwicklungen zu beschäftigen, und entdeckte in diesem Zusammenhang die tatarische Sprache und Identität neu für sich. Sie schreibt mittlerweile auch Gedichte auf Tatarisch bzw. in einer Mischung aus Russisch, Tatarisch und Englisch. Rasuleva verwendet dabei bewusst nur ihr begrenztes tatarisches Vokabular, um zu zeigen, dass sie ihre Muttersprache verloren hat.

Russlands imperialistische Invasion der Ukraine hat bei vielen einen ähnlichen Denkprozess angestoßen, erzählt Rasuleva:

>**Wenn ich meinen ukrainischen oder belarusischen Freund*innen davon erzähle, dass ich meine Sprache verloren habe, können sie das nachempfinden. Genau wie das Tatarische galten ihre Sprachen, als sie in den 90ern zur Schule gingen, im Gegensatz zum Russischen als uncool und nicht intellektuell.**

Und in Russland hat die Gesellschaft begonnen, sich der kolonialen Aspekte der russischen Geschichte bewusster zu werden. Es gibt 200 verschiedene Kulturen in Russland, das hat man vorher kaum bemerkt.«

Den Krieg selbst zum Thema zu machen – das fällt Rasuleva schwer. »Als der Krieg begann, fehlten mir die Worte, um darüber zu schreiben«, erzählt sie. »Es hat sich angefühlt, als wäre ich betäubt, sprachlos. Ich hatte das Gefühl für Worte, ihren Sinn verloren. Plötzlich war die Sprache anders strukturiert. Jedes Wort bedeutet jetzt etwas anderes. Man muss wieder von vorne anfangen.« Außerdem wollte sie nicht den Ukrainer*innen die Stimme nehmen, nicht für sie sprechen. »Wir können nicht über das schreiben, was wir selbst nicht erlebt haben«, sagt sie. Deshalb arbeitet sie seit dem Krieg mit der Form der Ready-Made-Poetry, die bereits vorhandene Texte verwendet und ihnen eine neue, poetische Form gibt. Rasuleva hat Erfahrungsberichte ukrainischer Geflüchteter in ihre Gedichte eingebaut.

Insgesamt hat sie seit Beginn des Krieges viel weniger geschrieben als sonst, erzählt sie. Rasulevas Versuche, ihre Gefühle angesichts der aktuellen Situation in Worte zu fassen, sind dafür umso eindrücklicher. In ihrem Gedicht *Nemota* (»Stummheit«) schreibt sie (in der Übersetzung von Peggy Lohse):

Wie nur ein neues Alphabet ausdenken
Wie nur eine neue Sprache erfinden
Wie Wörter finden
Wie sich selbst finden
Wie alles andere finden, außer sich selbst
Wie sich in dieser grauen Schmiere finden
Wörter, die uns noch bleiben, sind:
schrecklich
schmerzhaft
Arsch
Scheiße
Scheiße
Scheiße
Scheiße
Scheiße

POESIE UND ANARCHISMUS: PASHA NIKULIN

Auch Pasha Nikulin ist Independent-Autor, aber seine Perspektive eine ganz andere als die von Dinara Rasuleva. Nikulin ist noch in Russland und hat vor, zu bleiben – solange es geht. Seit 2008 ist er als Journalist tätig und gibt seit 2015 den gegenkulturellen Almanach *Moloko Plus* im Eigenverlag heraus. Seine Gedichte, die Nikulin online und in Zines veröffentlicht, handeln oft vom Konflikt des Einzelnen mit dem unterdrückerischen System. Manchmal beschreibt er dabei konkrete staatliche Gewalt wie Folter, aber seine Gedichte sind keine plakativen politischen Statements und auch keine bloße Nacherzählung der Realität. Vielmehr bedeutet Poesie für ihn, eine Sprache für etwas zu finden, das man mit einer Widergabe von Fakten nicht ausdrücken kann. Als ich ihn im April 2022 im Zoom-Interview frage, was für ihn der Unterschied zwischen Dichtung und journalistischem Schreiben ist, antwortet er:

»Die Grenzen meiner Sprache sind die Grenzen meines Bewusstseins, hat Wittgenstein gesagt. Ich kann mein Bewusstsein nicht auf Dinge ausdehnen, die ich nicht artikulieren kann. Ich kann einem anderen Menschen nicht erklären, was ich fühle, wenn ich nicht die Sprache dafür habe. Das ist sehr wichtig: Um Dinge beschreiben zu können, müssen wir sie verstehen. Zum Beispiel wäre es sehr schwierig, zu erklären, was in der ersten Hälfte des 20. Jahrhunderts passiert ist, wenn nicht Lemkin den Begriff des Völkermords geprägt hätte. Jetzt, wo wir wissen, was Völkermord ist, brauchen wir das nicht mehr zu erklären. Wir haben jetzt ein Wort dafür. Ich denke, dass die Poesie ungefähr das Gleiche macht. Poesie schafft neue Bildkonzeptionen. Poesie ist eine sehr dichte, konzentrierte sprachliche Montage, und durch sie können wir mehr ausdrücken. Vielleicht nicht so konkret und klar, aber sehr bildlich. Wir können mehr sagen, als die Fakten sagen würden.«

Anschließend spricht Nikulin über die Themen, die aktuell für sein poetisches Schreiben wichtig sind – und seine Antwort klingt selbst schon fast wie ein kleiner poetischer Essay, in dem er politische und historische Konstellationen mit philosophischen Überlegungen und den Beschreibungen des Moskauer Alltags, seiner räumlichen Umgebung und seinen Reflexionen über die eigene Identität assoziiert. Er sagt, dass er als Anarchist, der in der Sowjetunion aufgewachsen ist und jüdische und armenische Vorfahren hat, nicht viel über so etwas wie nationale Identität nachgedacht habe, ihm aber klargeworden sei, dass er Russe ist, »ob ich es will oder nicht«, und zwar, was »die Kultur, die Staatsbürgerschaft und das Verantwortungsbewusstsein für das, was vor sich geht« betrifft. Deshalb habe er begonnen, darüber nachzudenken, was der Begriff Heimat für ihn bedeutet. Er beschreibt, wie ihn die Bilder aus der Ukraine, aus dem Kyjiwer Umland, an die Moskauer Vorstadt Chimki erinnern, wo er gelebt hat. Die Architektur ist ähnlich, die gleichen Plattenbauten. Nikulin zitiert ein Lied der ukrainischen Popband Boombox: »Weiße Tapete, schwarzes Geschirr / Wir sind zu zweit in der Chruschtschowka, wer sind wir und woher kommen wir?«, und fügt hinzu:

> »Ich stelle mir gerade bildhaft vor, dass meine Heimat auch so etwas ist. Es ist ein seltsam entstelltes Monstrum aus stalinistischen Häusern und Chruschtschowkas. Und die unverarbeitete Erinnerung an den großen Terror und den Terrorismus der Nullerjahre. Also meine – ich kam am 1. September 2000 aus der Universität zurück, setzte mich vor den Fernseher, schaltete ihn ein, und man zeigte mir die Schule von Beslan. Das ist es. Dies ist meine Welt. Ich lebte mit dem Gedanken in meiner Wohnung, dass das Haus gesprengt werden könnte. Das also ist meine Heimat, und das spiegelt sich in der Poesie wider. Darüber habe ich angefangen zu schreiben. Ich versuche, meine Gefühle einzufangen. Das vielleicht klarste Gefühl für meine Heimat hatte ich, als ich vor kurzem in meiner Nachbarschaft spazieren ging.«

Chruschtschowkas, das sind die typischen Plattenbauten der sechziger und siebziger Jahre, und am 1. September 2000 begann die Geiselnahme in Beslan, bei der tschetschenische Terroristen über 1100 Schüler*innen, Eltern und Lehrer*innen in ihre Gewalt brachten. Bei der planlosen Erstürmung der Schule zwei Tage später kamen fast 400 Menschen ums Leben.

Nikulin erzählt von Wohnhäusern zwischen Industriegebiet, Eisenbahnlinie und alten Ausflugsbooten, die im Fluss verrotten, Siebzigerjahrebauten mit Kakerlaken, Imbissbuden mit Schawarma, einem Usbeken und einem Dagestaner, die zusammen schlechten russischen Rap hören. »Für mich ist Moskau immer noch ein Ort der Obdachlosen, der dreckigen Punks und der vielen Wanderarbeiter«, sagt er. All diese Bilder seien ihm so vertraut, sie bilden ein dichtes Bild von Heimat, das er versucht hat, in seiner Lyrik einzufangen. »Heimat, das ist für mich ein sehr komplexes, verdichtetes Gebilde, ohne Glatze und rechten Arm, ohne jede Art von krankhaftem Patriotismus«, stellt er klar.

Einen Eindruck von Nikulins gleichzeitig dichter und assoziativer Poesie bekommt man in seinem Langgedicht *mai. automatischer brief.* Nikulin beschreibt darin den Mai 2019 in Moskau. Alltagsszenen und die Vorstadtkulisse voller Plattenbauten vermischen sich mit der Militärparade zum Tag des Sieges, Demonstrationen, Polizeirazzien, Gewalt, Drogen, Perspektivlosigkeit, Punkkonzerten und Raves. Aleksej Tikhonov, der den Text ins Deutsche übersetzt hat, beschreibt ihn als »Gedankenfluss ohne Selbstzensur und Satzzeichen«. In einigen vorangestellten Zeilen beschreibt Nikulin *mai* als einen »code«,

Pasha Nikulin: *Mai*

in dem »alles fest zusammenhängt«, »fest miteinander / verwoben wird«, denn »das politische / ist persönlich«. Ein Ausschnitt von *mai*, in dem die Verbindung von Staatsgewalt und Leiden des Einzelnen deutlich wird, spielt auf die Flugschau zum Tag des Sieges und auf die Untersuchungshaftanstalt Novye Kresty in Sankt Petersburg an:

als ob du in irgendeinem film lebst wo du alles was
mit dir passiert von außen siehst
wohin führen dich deine dreckigen
chucks verschmiert
mit blut im himmel die jagdgeschwader
machen den himmel
zum weißen gitter und eine strangulierspur schmückt
nun den hals deines freundes doch
keine*r wusste von seiner
depression erwache im zug von moskau nach piter
irgendein maul wird aufgerissen jemand wird brutal
geschlagen das bier zerfließt im ozean erscheint
der bau neuer kreuze
novye kresty
fleischwolf

Auch der Frage, wie man Worte für all das finden soll, geht Nikulin in *mai* nach:

dafür gibt es keine worte wie das
alles auf den sack geht wie traurig das alles ist
das
weltall ist kunst suizid ist kunst
revolution ist kunst
lohnt es sich dafür zu sterben
lohnt es sich dafür
zu leben der himmel zittert morgens
die farben brechen
zu
grundtönen auseinander

Seit Beginn des Angriffskrieges konzentriert sich Nikulin mehr auf seine Arbeit als Journalist. Trotz der staatlichen Repressionen und der gefährlichen Lage für Journalist*innen und Oppositionelle will Nikulin weitermachen. Im Juli 2022 erschien die neuste Ausgabe von *Moloko Plus* zum Thema Gefängnis. Jede Ausgabe der Zeitschrift, die wohl zu den letzten unabhängigen Publikationen gehört, die noch in gedruckter Form in Russland erscheinen, widmet sich einem anderen kontroversen Thema, bisher zum Beispiel Hass, Terror, Drogen, Revolution und Patriarchat. Nikulin und die *Moloko-Plus*-Redaktion hatten schon öfter Probleme mit den Behörden, es gab Hausdurchsuchungen, Hefte wurden beschlagnahmt und Veranstaltungen von der Polizei gestört. Nachdem am 4. März 2022 das neue Mediengesetz verabschiedet wurde, erklärte die Redaktion in den sozialen Medien:

»Es ist die berufliche Pflicht eines Journalisten, die Dinge beim richtigen Namen zu nennen. Zensur ist Zensur, Gesetzlosigkeit ist Gesetzlosigkeit und Krieg ist Krieg. Aufgrund dieses Gesetzes ist es unmöglich geworden, über den Krieg zu schreiben. Wir können unsere Pflicht nicht mehr in vollem Umfang erfüllen.«

Aus Sicherheitsgründen löschte die Redaktion belastbare Posts in den Social-Media-Kanälen – und geht in ihrer Berichterstattung seitdem äußerst vorsichtig vor. Auf Telegram posten sie zwar weiter aktuelle Nachrichten, aber den Krieg nennen sie nicht Krieg.

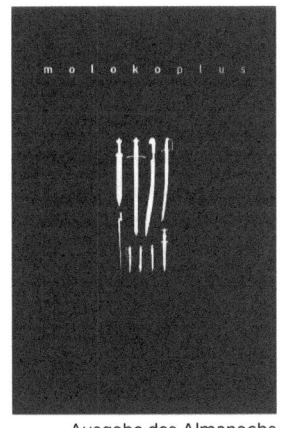

Ich habe Pasha Nikulin gefragt, ob er Angst davor hat, verhaftet zu werden. Er antwortete mir, dass ihm, wenn sie Journalist*innen wie ihn in den Fokus nehmen, drei bis fünfzehn Jahre drohen, je nachdem, welcher Paragraf zur Anwendung kommt. Den Krieg nicht Krieg zu nennen, das sei eine Einschränkung, die er auf sich nimmt, aber eine andere Sache wäre es, Kriegsverbrechen zu beschönigen.

Ausgabe des Almanachs
Moloko Plus

»Ich würde nicht schlafen können, wenn ich schweigen würde. Aber die Frage ist: Wo werde ich die nächsten 15 Jahre schlafen, bei mir zu Hause oder in einer Hochsicherheits-Strafkolonie? Das ist die Frage, ich weiß es nicht. Und das ist natürlich etwas, das mir große Sorgen macht, wirklich sehr große Sorgen, wenn man das ganze letzte Jahr betrachtet. Wir als Zivilgesellschaft haben Gigabytes an Foltervideos aus Haftanstalten untersucht. Wir wissen bis ins kleinste Detail, was genau mit einem Menschen in einem russischen Gefängnis geschieht. ... Natürlich ist es also nicht nur die Angst, isoliert zu werden, sondern auch die Angst, geschlagen, vergewaltigt und verstümmelt zu werden. Aber ich wüsste nicht, wie man das tun könnte. Zu schweigen.«

Auf die Frage, warum er nicht plant, Russland zu verlassen, antwortet Nikulin zuerst mit einem Scherz: Er habe seine Metro-Fahrkarte schon bis zum Ende des Jahres vorausbezahlt. Und im Ernst? Er habe Vorkehrungen getroffen, um im Notfall das Land zu verlassen, wolle das aber nicht überstürzt tun, sondern bleiben, solange es geht. Dafür nennt er mehrere Gründe, zuerst seine Mutter, die über sechzig ist und Schwierigkeiten beim Gehen hat. Und ergänzt:

»Ich mag die Botschaft nicht, die ich ständig von meinen Freunden höre, die weggegangen sind, dass alle guten Menschen jetzt in Eriwan oder Tiflis sind, während es in Russland nur noch Faschisten gibt. Putinisten. Ich bin kein Faschist, meine Mutter ist keine Faschistin.«

Außerdem sagt er, dass Moskau gerade zu den interessantesten Orten für Journalist*innen überhaupt gehört. »Ich glaube, dass ich bleiben muss, um zu verstehen, was passiert und was das für eine Welt ist, in der ich lebe.« Er denkt und schreibt auf Russisch, steht im Kontext der russischen Kultur. »Wo sonst sollte ich denn arbeiten? Ein Journalist sollte vor Ort sein. Ein Journalist sollte an dem Ort sein, über den er schreibt. Es ist notwendig, hier zu sein.«

Nikulin nennt noch einen Grund, das Land nicht zu verlassen. Er ist Pädagoge und will eine Fortbildung zum Geschichtslehrer machen.

»Denn ich habe den Eindruck, dass das, was jetzt geschieht, in gewisser Weise damit zusammenhängt, dass es in der Stadt Baltijsk im Kaliningrader Gebiet Schulkinder gibt, die wissen, dass Schikotan und Kunaschir [Inseln der Kurilen] russisches Land sind und dass sie dafür sterben können, es gegen Eindringlinge zu verteidigen, obwohl sie noch nie in Kunaschir waren. Vielleicht finden sie nicht mal die Kurilen auf der Landkarte. Dagegen möchte ich etwas tun.

Und wenn ich tote russische Soldaten sehe, vor allem junge Leute in ihren Zwanzigern, dann möchte sie mit meinen eigenen Händen retten. Nicht, weil ich denke, dass sie das Richtige tun. Sondern weil die Armee, die sie entführt hat, offiziell existiert, um meine Interessen zu schützen. Und das tut sie nicht. Ich weiß das sehr genau. Ich weiß, wie viele russische Soldaten die russische Armee getötet hat, nicht im Kampf, sondern weil sie sie in den Kasernen kaputt gemacht und in den Selbstmord getrieben hat. Das ist wohl der Grund, warum ich hierbleibe.«

OPPOSITIONELLE LITERATUR IN DEUTSCHER ÜBERSETZUNG – EINE LESELISTE

Nur ein Bruchteil der oppositionellen russischen Literatur wird ins Deutsche übersetzt. Etablierte, weiße, männliche Autoren sind in der Überzahl, während marginalisierte Stimmen oft unsichtbar bleiben. Trotzdem: Auch in deutscher Sprache lassen sich einige interessante Autor*innen aus Russland entdecken. Manche von ihnen sind Teil des russischen Literaturbetriebs, andere können ihre Texte nur im Ausland veröffentlichen.

• Viktor Jerofejew: *Enzyklopädie der russischen Seele / Die Akimuden*

Viktor Jerofejew gehört wie Vladimir Sorokin zu den großen Namen der russischen Gegenwartsliteratur. Und wie Sorokins Werke sind auch Jerofejews Texte experimentell, voller Brüche und grotesker Überzeichnungen. Für sein Buch *Enzyklopädie der russischen Seele* wäre Jerofejew fast ins Gefängnis gekommen, Professor*innen der Staatlichen Universität in Moskau forderten – erfolglos –, das Buch zu verbieten. Die *Enzyklopädie*, ein Sammelsurium kleiner Geschichten, Kommentare und Aphorismen, erschien in Russland zwar schon Ende der neunziger Jahre, aber die Entwicklung, die das Land in den Jahren unter Wladimir Putin nahm, kann man hier in seinen Anfängen und Kontinuitäten beobachten. In den kurzen Textfetzen im Buch – manche von ihnen sind kleine philosophische Essays, andere bloß alberne Blödeleien – untersucht Jerofejew die verschiedensten Phänomene der russischen Kultur und Gesellschaft. Von »Datscha« bis zur Tradition des Totalitarismus. Unter dem Begriff »Gericht« steht zum Beispiel nur ein einziger Satz: »Das russische Gericht ist schrecklicher als das Jüngste Gericht.« Es ist ein herausforderndes, formensprengendes Buch, das ziemlich erfolgreich versucht, das Phänomen Russland mit all seiner Ambivalenz und Hässlichkeit zu fassen zu bekommen.

Etwas zugänglicher ist Jerofejews verrückter Zombie-Roman *Die Akimuden*. In ihm lässt er die Geister der Vergangenheit wieder auferstehen, was gut dazu passt, wie die russische Regierung darauf dringt, mittels der Beschwörung vergangener Größe eine beschönigte Vergangenheit zum Fundament der Gegenwart zu machen. Jerofejew verbindet Elemente der Zombie-Komödie mit höchst ernsten Reflexionen über die Vergangenheit, Gegenwart und Zukunft Russlands. Eine seiner Figuren lässt Jerofejew etwas sagen, das zwar – so viel sollte bisher klargeworden sein – eine etwas vereinfachte, idealisierte Darstellung ist, aber es ist wohl allemal etwas dran:

> **»Die russische Kultur und das russische literarische Wort sind gerade deshalb so schön, weil sie sich dem russischen Staat widersetzen, indem sie alle ihre Themen, von Liebe bis Tod, mit der stolzen Grundhaltung angehen, jede Lüge abzulehnen. Der russische Staat seinerseits ist darum so schrecklich, weil er sich grausam der sich ihm widersetzenden Kultur widersetzt, mit der Absicht, seine eigene Wahrheit des obersten Paternalismus zu beweisen. Er hat sich schon längst in ein Dichter fressendes Monster verwandelt, und ihn zu ändern ist ebenso schwer, wie Mandelstam dazu zu zwingen, eine Ode auf Stalin zu schreiben.«**

● Kira Jarmysch: *DAFUQ*

Mit Geistern und Untoten bekommt man es auch in Kira Jarmyschs *DAFUQ* zu tun, doch das ist nicht das eigentlich Interessante an ihrem Debütroman. Jarmysch, die nicht nur Autorin, sondern auch Pressesprecherin von Alexej Nawalny ist, beschreibt darin die Erlebnisse von Anja, die nach ihrer Verhaftung bei einer Demonstration zehn Tage in einer Arrestzelle verbringen muss. Der Gefängnisalltag ist geprägt von den Gesprächen zwischen den zufällig zusammengewürfelten Zellengenossinnen. Jarmysch gelingt es dabei, große Themen wie Korruption und unrechtmäßige Gerichtsurteile, aber auch sexuelle

Belästigung und Gewalt gegen Homosexuelle unauffällig in den Text zu weben, während es vordergründig nur darum geht, wie Anja und ihre Mitinsassinnen die Zeit bis zur Entlassung totschlagen. Spannend wird es vor allem, wenn sich die Frauen über Politik und Protest unterhalten.

Eine meint, dass das Leben in Russland noch nie so gut gewesen sei wie heute und man dankbar sein müsse. Eine andere kann Anjas oppositionelle Haltung nachvollziehen: »Meine Mutter hat das ganze Leben als Lehrerin gearbeitet, jetzt kriegt sie ein paar Kopeken als Rente. Und die da oben stopfen sich die Taschen voll.« Aber wählen geht sie trotzdem nicht und protestieren schon gar nicht, denn: »Ändert ja sowieso nichts, also wozu.« Auch ein Putin-Fan ist unter den Insassinnen: »Er ist ein so starker Führer. Alle haben jetzt Respekt vor uns ...« Und als Anjas Vater zu Besuch kommt, gibt er ihr auch den passenden Ratschlag mit auf den Weg: »In dieser Welt siegt, wer flexibel ist. Derjenige, der sich anpassen kann.« Einen unerwarteten Mitstreiter findet Anja dann schließlich in einem jungen Polizisten, der sie zum Gerichtstermin fährt. Er schimpft über Politiker, die lügen und stehlen, und über Gerichtsurteile, die schon vor der Verhandlung feststehen. Er will vielleicht auch bald demonstrieren gehen, sagt er zu Anja. Doch dann fügt er hinzu: »In Russland gab es nur einen einzigen normalen Herrscher. Unter ihm herrschte Ordnung. Und es gab keinen Diebstahl.« Er meint Stalin.

Kira Jarmysch spitzt hier verschiedene politische Positionen zu, die in der russischen Bevölkerung verbreitet sind. Sie vermeidet es dabei, Protestierende und Oppositionelle wie Nawalny und seine Anhänger*innen zu romantisieren. Sie zeigt, dass es zwar gute Gründe gäbe, um zu protestieren, dass aber wenig Hoffnung auf eine breite Protestbewegung und auf reale Veränderungen besteht. Diese realistische Herangehensweise zählt zu den Stärken des Romans. Dass Jarmysch dann auch noch Elemente von Horror und Mythologie in den Roman webt, tut dem Ganzen nicht gut, aber *DAFUQ* ist trotzdem ein wichtiges Buch – und eines der wenigen übersetzten gegenkulturellen Werke, die von einer Frau geschrieben wurden. In Russland hat sich der

Roman so gut verkauft, dass er schnell nachgedruckt werden musste. Das hatte auch damit zu tun, dass die Organisator*innen der Moskauer Buchmesse Non/fiction eine geplante Buchpräsentation absagten – und so erst recht die Neugier der Leser*innen weckten.

- Ilya Danishevsky: *Mannelig in Ketten*

In Ilya Danishevskys Roman *Mannelig in Ketten*, der 2018 in einem unabhängigen Verlag in Sankt Petersburg erschien, findet man keine klar formulierten politischen Positionen – und auch keine lineare Romanhandlung. Der Text ist ein poetisches Kunstwerk, bei dem sich das Politische zwischen den Zeilen und in der literarischen Form selbst findet. Zwischen Lyrik und Prosa changierend sprengt Danishevsky die sprachlichen Konventionen und findet seine eigenen Ausdrucksformen, die queeren Erfahrungen Raum geben – und gleichzeitig die Last der »Ketten« des repressiver werdenden Staates spürbar machen. Im Hintergrund schwingt dabei immer die Frage mit, was Schreiben, was Sprache trotz aller Repression bewirken kann. Übersetzerin Anja Dagmar Schloßberger schreibt in ihrem Nachwort zu *Mannelig*:

> **»Ein Fest einer hybriden, tabulosen und mit Fleiß Reglements übertretenden Sprache, die sich den Ketten zum Trotz schöpferisch behauptet und die, wenn sie sich schon nicht von den Ketten befreit, diese doch umschmiedet in die eigenen Verse, das eigene Schreiben.«**

Im Text selbst tauchen immer wieder Momente auf, die konkrete Bezüge herzustellen scheinen zur politischen Wirklichkeit, zu Krieg und zur Normalisierung von Gewalt, und zum Widerstand: »ein freies Lied kann deine Kehle aufreißen so wie die runtergeschluckte Flagge Dir auf die Rachenmandeln drückt«. Doch würde es dem Text in seiner Vielschichtigkeit und Tiefe nicht gerecht werden, solche Stellen herauszupicken und zu sagen: »Schaut, hier steht etwas Oppositionelles!« Der Text als Ganzes, der sich dem einfachen Verständnis, der bloß inhaltlichen Interpretation widersetzt, ist ein Anschreiben gegen Normierung und Eindeutigkeit: »siehe die gekrümmten räume sind weiter als das was dazwischen platz hat im wort«

- Mikita Franko: *Die Lüge*

Ein Beispiel dafür, dass aus kleinen Independent-Projekten mehr werden kann, ist der kasachische trans Autor Mikita Franko, der schon seit einigen Jahren in Russland lebt und schreibt. Aus einer Reihe von Texten, die Franko auf seinem Blog veröffentlichte, wurde der Roman *Die Lüge*, der 2020 bei Popcorn Books erschien. *Die Lüge* handelt von Miki, einem Jungen, der bei zwei Vätern aufwächst und seine ganze Kindheit hindurch lügen muss, um seine Familie zu schützen. Mikis Geschichte macht schmerzhaft sichtbar, was die staatlich befeuerte Homofeindlichkeit für den Alltag queerer Menschen in Russland bedeutet.

Es belastet Miki, niemandem von seiner Familie erzählen und nicht die Wahrheit sagen zu dürfen, obwohl man doch eigentlich nicht lügen soll. Als er in der Schule die Hausaufgabe bekommt, einen Aufsatz über seine Familie zu schreiben, starrt er lange auf das leere Blatt, bis er sich schließlich doch für die Wahrheit entscheidet: »Ich habe zwei Väter. Sie sagen, andere Leute denken, das wäre schlecht, aber das glaube ich nicht.« Als Lew, der weniger verständnisvolle und einfühlsame der beiden Väter, den Aufsatz in Mikis Schulheft findet, schreit er den Jungen an und reißt die Seiten wütend aus dem Heft.

Miki, der niemanden hat, dem er sich anvertrauen kann, wird depressiv und aggressiv, er hat Suizidgedanken. Es macht ihn wütend, nicht so sein zu können wie alle anderen. Jeden Tag erlebt er in der Schule eine Welt, in die er nicht hineinpasst: Jungs, die stark sein müssen und Schwächere schikanieren, Klassenkameradinnen, die Homosexuelle eklig und unnatürlich finden und glauben, dass man sich bewusst dafür entscheidet, schwul zu sein, und Lehrerinnen, die die Kinder Panzer aus Knete als Geschenk für ihre Väter basteln lassen.

Die Lüge ist eine herzzerreißende Coming-of-age-Geschichte, die eindrücklich zeigt, wie Unterdrückung und Diskriminierung das Leben Einzelner zur Hölle machen können. Es ist eigentlich ein Jugendbuch – durfte aber in Russland bei seinem Erscheinen nur an Personen über 18 Jahren verkauft werden und ist mittlerweile ganz verboten.

- Dmitry Glukhovsky: *Text*

Dmitry Glukhovsky gehört zu den populärsten russischen Gegenwartsautoren. Seine postapokalyptischen Romane sind Bestseller und um seine *Metro*-Trilogie und deren Videospiel-Adaption hat sich eine Fangemeinde gebildet. Die *Metro*-Romane sind unterhaltsam und spannend, politische Kritik lässt sich darin aber nicht direkt erkennen – und das, obwohl Glukhovsky in den sozialen Medien zu Putins lautesten Kritiker*innen gehört. Etwas anders sieht es bei seinem realistischen Roman *Text* aus, einem Thriller, der im Moskau der 2010er Jahre spielt. In einem Interview mit dem *Standard* erklärte Glukhovsky 2018, was ihn zum Genre-Wechsel bewegt hat:

>**Die Metro-Serie hat mir wirklich Spaß gemacht. Aber das Schreiben von Science-Fiction ist mir etwas zu langweilig geworden. Und in den vergangenen Jahren wurde mir immer bewusster, dass das Leben in Russland viel fantastischer als in jedem Fantasy-Roman ist. Die politische und soziale Realität ist viel bizarrer, als ich mir das jemals hätte ausdenken können.«**

Der Roman wurde in Russland von der Kritik gut aufgenommen und sogar verfilmt. Die Hauptfigur ist der junge Student Ilja. Als er mit seiner Freundin tanzen geht, kommt es im Club zu einer Razzia. Der Polizist Petja, der Ilja später verhaften wird, steckt ihm heimlich Drogen zu. Sieben Jahre sitzt Ilja unschuldig im Straflager. Nach der Freilassung ist von seinem früheren Leben nichts mehr übrig. Die Perspektivlosigkeit einer ganzen Generation bildet den Hintergrund des Romans. Wer weiterkommen will, muss korrupt sein und andere denunzieren. Ilja wird zum zufälligen Opfer dieses Systems. Was für den einen ein Karriereschub war, hat dem anderen die Zukunft genommen. Doch es wird schnell klar, dass auch dem vermeintlichen Gewinner seine Machtposition wenig Glück gebracht hat. Glukhovsky lässt Ilja seine Gedanken in kurzen, scharfen Sätzen mitteilen, während er sich durch ein trübes, kaltes Moskau bewegt, im Hintergrund läuft Propagandafernsehen. *Text* ist Ausdruck der zynischen Hoffnungslosigkeit innerhalb eines korrupten, gewaltvollen Systems.

• Victoria Lomasko: *Die Unsichtbaren und die Zornigen*

Einblicke in ein »anderes« Russland als das, worüber üblicherweise in den Medien berichtet wird – das findet man auch in den dokumentarischen Graphic Novels von Victoria Lomasko, die im Band *Die Unsichtbaren und die Zornigen* versammelt sind. Im ersten Teil porträtiert die Künstlerin diejenigen, die in der öffentlichen Wahrnehmung keinen Platz haben, die »unsichtbar« sind. Die Reportagen, in denen sich gezeichnete Szenen mit Sprechblasen und erläuterndem Begleittext verbinden, handeln von marginalisierten Menschen, von Gefangenen und Prostituierten, den letzten Bewohner*innen von langsam verschwindenden Dörfern und von Immigrant*innen, die in sklavereiähnlichen Zuständen in Moskau ihr Leben fristen.

Der zweite Teil des Buches handelt von den »Zornigen«, und hier geht es etwas hoffungsvoller zu. Lomasko zeigt verschiedene Proteste und soziale Bewegungen aus den letzten Jahren. Darunter die Proteste gegen den Pussy-Riot-Prozess und der Streik von Fernfahrer*innen gegen absurde Erhöhungen der Mautgebühren. Besonders krass in diesem Teil des Buches ist der Bericht von einem queeren Filmfestival in Sankt Petersburg, das sich gegen Bombendrohungen, Raumkündigungen und einen homofeindlichen Mob behaupten musste.

Lomaskos Reportagen erschienen 2017 zuerst in englischer Übersetzung in den USA – unter dem passenden Titel *Other Russias*. In Russland ist der Band nicht erschienen.

- Kirill Medwedew: *Antifaschismus für alle*

Kirill Medwedew gehört zu den wenigen Autor*innen des literarischen Undergrounds in Russland, die ins Deutsche übersetzt werden. Der erklärte Antifaschist und Antikapitalist schreibt vor allem Gedichte und Essays, von denen eine Auswahl im Band *Antifaschismus für alle* erschienen sind. Die Kritik, die er in vielen seiner Essays formuliert, richtet sich nicht nur gegen die russische Regierung, sondern auch gegen den etablierten Kulturbetrieb, der Bücher zu Waren und ideologischen Instrumenten macht. Medwedew will dabei nicht mitmachen und stellt seine Gedichte und Essays deshalb für jeden frei zugänglich ins Internet. Bücher veröffentlicht er nur noch im eigenen »Freien Marxistischen Verlag«.

Medwedews Blick ist differenziert, er analysiert die Widersprüche des Kapitalismus und die Besonderheiten der russischen Gesellschaft genau. Im Zentrum steht für ihn die praktische Frage, wie sich eine demokratische und gerechte Gesellschaft aufbauen lässt, die sowohl den totalitären Staat mit seiner antiliberalen Ideologie als auch den »rüpelhaften Kapitalismus«, der sich in den neunziger Jahren in Russland etablierte, hinter sich lässt. Aus diesen Texten lässt sich viel lernen über die russische Kultur seit dem Ende der Sowjetunion und über den Kontext, in dem sich kritisches Denken und Gegenkultur in Russland heute bewegen.

Medwedews Gedichte sind kleine, von Alltagssprache gespickte Erzählungen in Versen, Poppoesie, ein bisschen wie bei Charles Bukowski. Auch viele dieser Texte sind politisch, einige beschreiben politische Aktionen und anschließende Repressionen, in anderen geht es um die Utopie einer besseren Gesellschaft, und Marx kommt auch vor. Dann wieder behandeln einige Gedichte scheinbar unbedeutende Alltagsmomente – und manchmal sogar die Liebe. Im Gedichtzyklus 3 % bringt Medwedew an einer Stelle Kunst und Politik zusammen, er schreibt gegen die Ohnmacht und für den klaren Verstand, der sich nicht korrumpieren lässt vom Nebel der Macht:

die Kunst ist eine Strohpuppe, ein irgendwie zusammengeflicktes,
aber deswegen nicht weniger
wundersames Tierchen –
und hinter jeder Familie
verbirgt sich eine Geschichte des Verrats,
der hündischen Angepasstheit
und des beleidigenden Schweigens,
und da ist nichts zu machen
(das heißt, dass man
damit nicht leben kann)
und die Macht-Angst
und der Macht-Wahn
und der Macht-Müll
und die Macht-Asche
übermannen uns wieder
von außen und innen
und verbreiten wieder ihren Nebel
der die Augen ausätzt,
und das geschieht schon seit langem,
und deswegen möchte man,
dass alles transparent und hell wird
und dass vor lauter Klarheit die Augen wehtäten

- DJ Stalingrad (Piotr Silaev): *Exodus*

Piotr Silaev alias DJ Stalingrad war in den 2000er Jahren in der antifaschistischen Szene in Moskau aktiv und gehört auch zu Alexander Herberts Interviewpartner*innen für seine *Oral History of Russian Punk*. In seinem Roman *Exodus*, dessen russische Originalausgabe erstaunlicherweise in einem etablierten Verlag erschienen ist, gibt Silaev Einblick in die brutalen Kämpfe innerhalb der Underground-Szene. Der Erzähler von *Exodus* gehört zu den Antifaschisten, die sich mit Nazis prügeln, doch die politische Positionierung der Protagonist*innen tritt fast zurück hinter der omnipräsenten Gewalt, die scheinbar grundlos von allen Seiten ausgeht und bis zu Straßenkämpfen und Mord führt. Erst am Ende des Romans, in einem separaten Teil mit dem Titel »Backstage«, werden die Hintergründe der geschilderten Episoden nachgeliefert und mit ihnen der politische Kontext. Keine schöne, aber eine eindrückliche Lektüre – und eine der wenigen Gelegenheiten, in deutscher Sprache einen Einblick in die Subkulturen der 90er und frühen 2000er Jahre in Russland zu erhalten. Was der Grund für das große Ausmaß an Gewalt war, klingt in diesen Zeilen an:

> **»Wir alle gehören zu der ekelhaften postsowjetischen Generation. Wir haben nichts, keine Ziele und Prinzipien, doch als Erbe von hundert Jahren Kommunismus blieb uns die Sehnsucht. [...] Zeit ist vergangen, und geblieben ist uns nur ein Abgrund von Verachtung und Zynismus, pragmatischer Nihilismus, müde Raffgier. Doch die Sehnsucht nach Heldentum sitzt irgendwo tief in uns, in mir und den anderen, die ihre Wohnung noch nicht nach europäischem Standard renoviert haben. Wir sollten im Namen von irgendwas leiden und sterben, aber nun, wo all das egal ist und dumm, ziehen uns nur das Leid und der Tod an.«**

• Mascha Alechina: *Tage des Aufstands*

Mascha Alechina ist eines der beiden Pussy-Riot-Mitglieder, die nach der Protestperformance in der Christ-Erlöser-Kathedrale zu zwei Jahren Lagerhaft wegen »Rowdytum aus religiösem Hass« verurteilt wurden. In ihrem Buch *Tage des Aufstands*, das in Russland nur im Selbstverlag erscheinen konnte, erzählt Alechina mit einer Collage aus Songtexten, Erinnerungen, Dialogen, Parolen und Zitaten von der Entstehung von Pussy Riot aus den Protesten gegen Putins dritte Amtszeit, von den Aktionen der Gruppe und vor allem von der anschließenden Flucht vor der Polizei, den Festnahmen, dem Prozess und schließlich der Lagerhaft. Die entschlossene Punk-Haltung von Pussy Riot wird an Textstellen wie dieser deutlich:

»Wir glauben, dass wenn man Putin nur ordentlich mit einer Nadel in den Arsch sticht, er von seinem Präsidentensessel aufspringt und zum Teufel hüpft, die botoxaufgeblasenen Wangen ein letztes Mal am Horizont aufleuchten und er in eine staubige Ecke der Geschichte kullert.«

Besonders interessant sind auch die vielen Zitate von Regierungsvertreter*innen und Prozessbeteiligten, die Alechina in *Tage des Aufstands* dokumentiert. Sie zeigen die Haltung der russischen Öffentlichkeit und des Putin-Regimes gegenüber Pussy Riot sehr deutlich und offenbaren den konservativen und antifeministischen Konsens in der Mehrheitsgesellschaft. Das Buch endet mit Alechinas Freilassung aus dem Straflager. Sie schreibt: »Es gibt keine Freiheit, wenn man nicht täglich für sie kämpft.«

Auf der Website von Pasha Nikulins gegenkulturellem Almanach *Moloko Plus*, der nur in gedruckter Form erscheint, steht: »Nach der Apokalypse werden die Zeitschriften erhalten bleiben, das Internet wird es nicht mehr geben. Das muss man im Hinterkopf behalten.« Da mag etwas dran sein – trotzdem kann man nicht leugnen, dass das Internet derzeit wohl das wichtigste Medium der russischen Gegenkultur ist. Es ist, neben Kleinstpublikationen unter dem Radar der Behörden, derzeit die einzige Möglichkeit, sich unabhängig zu informieren und regierungskritische Kunst zu teilen und zu rezipieren.

Doch die russische Regierung versucht, auch gegen oppositionelle Inhalte im Internet vorzugehen. Mithilfe von Crawlern wird das Netz nach unerwünschten Themen durchsucht, Seiten werden gesperrt und Menschen vor Gericht gebracht für Posts oder sogar Likes in den sozialen Medien. Im März 2022 ließen die Behörden außerdem Facebook, Instagram und Twitter sperren – was allerdings mittels VPN leicht zu umgehen ist, so dass der Austausch von oppositionellen Künstler*innen, Aktivist*innen und Journalist*innen auf diesen Plattformen vorerst weitergeht.

Dass das Internet für die russische Opposition – die politische wie die künstlerische – eine äußerst wichtige Rolle spielt, ist in den letzten Jahren immer klarer geworden. Es hilft nicht nur bei der Vernetzung und dem Austausch Gleichgesinnter, sondern ermöglicht auch, künstlerische wie journalistische Gegenerzählungen zur staatlichen Ideologie und Propaganda zu verbreiten. Die Bedeutung des Fernsehens, dem wichtigsten Medium der Regierungspropaganda, nimmt kontinuierlich ab, es ist für viele nicht mehr die Hauptquelle für

Informationen und Unterhaltung. Vor allem junge Menschen informieren sich hauptsächlich im Internet – wo sie trotz aller Restriktions- und Manipulationsversuche seitens der Regierung Zugang finden zu unabhängigen russischen und ausländischen Medien sowie zu Gegen- und queerer Popkultur.

Vor allem YouTube, das bisher noch nicht gesperrt wurde, ist zu einem wichtigen alternativen Medium geworden. Für viele hat die Plattform das mittlerweile komplett staatlich kontrollierte Fernsehen vollständig ersetzt. Zu den einflussreichsten YouTube-Kanälen gehört der von Jury Dud, einem Journalisten, der Dokumentarfilme und lange Interviews mit bekannten, oft kontroversen Persönlichkeiten veröffentlicht. So unterschiedliche Personen wie Eduard Limonow, die Miglieder der Punkband Pornofilmy, der Oligarch Michail Chodorkowski und Alexej Nawalny waren bereits bei ihm zu Gast, die ein- bis dreistündigen Videos haben teilweise über 30 Millionen Aufrufe. Seit Beginn des Angriffskrieges führt Dud seinen Kanal mit klarer Anti-Kriegs-Haltung aus dem Ausland weiter, die russische Regierung hat ihn zum ausländischen Agenten erklärt.

Auf YouTube finden sich die unterschiedlichsten oppositionellen Inhalte: Von feministischen Videoblogs und queeren Musikvideos über unabhängige Medien, Dokumentationen von Polizeigewalt und Nawalnys Enthüllungsvideos bis hin zu Mitschnitten von subkulturellen Konzerten. Für das Teilen von gegenkulturellen Inhalten sind auch die anderen bekannten sozialen Netzwerke wie Instagram oder Twitter wichtig, dort werden etwa Veranstaltungen und Publikationen angekündigt. Für Autor*innen ist auch Telegram besonders relevant, dort existieren beispielsweise Kanäle mit kritischer Lyrik.

Auf TikTok teilen viele junge Menschen, die mit der staatlichen Ideologie und Politik nichts zu tun haben wollen, ihre Inhalte. Zum Beispiel Nikita Sass, der sich selbst als »Aufstrebender russischer Gender-Bender und Revolutionär« bezeichnet und in dessen Videos man Tanzeinlagen und eine ebenso übertriebene wie urkomische Selbstinszenierung als »Sugar Baby« findet, aber auch Kommentare zur Lage queerer Menschen in Russland. Als Alexej Nawalny verhaftet wurde, gingen Videos auf TikTok viral, die Schüler*innen zeigten, die in ihren Klassenzimmern das Putin-Porträt durch ein Porträt von Nawalny ersetzen. Andere erklärten in ihren Clips scherzhaft, mit welchen englischen Sätzen man sich gegenüber der Polizei als amerikanische*r Tourist*in ausgeben kann, um auf dem Weg zur Demo nicht verhaftet zu werden.

Seit März 2022 ist die Nutzung von TikTok in Russland stark eingeschränkt. Die *Washington Post* titelte: »TikTok hat ein alternatives Universum nur für Russland geschaffen«. Russische Nutzer*innen sehen eine stark zensierte Version der Inhalte auf der Plattform: Ausländische Videos können nicht angesehen werden und es ist nicht möglich, neue Videos hochzuladen. Nur staatliche Propaganda-Kanäle können neuen Content posten. Aber mittels VPN lässt sich auch dieses »Paralleluniversum« umgehen.

Das meistgenutzte soziale Netzwerk in Russland ist VKontakte. Dem russischen Netzwerk wird ein großes Ausmaß an staatlicher Überwachung nachgesagt, weshalb die Nutzung für oppositionelle Künstler*innen und Aktivist*innen heikel ist. Trotzdem findet sich dort viel, was man zur Gegenkultur zählen kann: Kritische Gedichte und feministische Punksongs zum Beispiel. Die Struktur des Netzwerks ist gut geeignet, Dateien aller Art hochzuladen und Inhalte wie Musik, längere Texte, Fotos aber auch Filme zu teilen, und ist nicht auf ein bestimmtes Medienformat beschränkt, was eine bequeme, vielfältige Nutzung ermöglicht. Da das Netzwerk die höchste Anzahl an Nutzer*innen in Russland hat, ist es auch besonders wichtig, wenn man viele Menschen erreichen will. Gerade außerhalb der großen Städte sind viele Leute nur auf VKontakte registriert. Lokale Initiativen wie feministische Gruppen nutzen das Netzwerk deshalb trotz der staatlichen Überwachung zur Vernetzung und für Veranstaltungsankündigungen, so die Aktivist*in Vica Kravtsova. Allerdings werde da dann sehr auf die Wortwahl geachtet: Das Wort »feministisch« könne man schreiben, aber »LGBTQ« nicht. Das Wort Krieg wird dort wohl derzeit auch niemand verwenden.

Trotz der Einschränkungen bieten die sozialen Medien in Russland eine wichtige Möglichkeit, politisch kontroverse Themen niedrigschwellig anzusprechen und so vielleicht auch für Menschen, die sich noch wenig mit solchen Themen beschäftigt haben, zugänglich zu machen. Und das geschieht auch mit künstlerischen Mitteln. Neben Memes, auf die ich im nächsten Abschnitt noch ausführlich eingehen werde, gibt es zum Beispiel Karikaturen und kleine Comicstrips, die politische Themen mehr oder weniger subtil aufgreifen. Eine Künstlerin veröffentlicht unter dem Namen Fostercomics auf Instagram selbstgezeichnete kleine Cartoons, die sich mit Alltagsproblemen beschäftigen und dabei spielerisch mit der patriarchalen Gesellschaft, mit Homofeindlichkeit und Vorurteilen gegenüber Feminist*innen abrechnen. In einem ihrer Posts zeigt sie auf mehreren Slides unter der Überschrift »Feminismus« immer eine richtige und eine falsche Version und stellt augenzwinkernd Vorurteile der Realität gegenüber. Auf der linken Seite eines der im Post gesammelten Cartoons steht »Feministinnen hassen Männer« und darunter sieht man eine wütende Frau, die einen erschrockenen Mann zusammenschreit: »#@!&@#«, steht in ihrer Sprechblase. Auf der rechten Seite sieht man dieselben Figuren, diesmal sehen sie entspannter aus und die Frau sagt: »Also. Du bist gegen Gewalt, Diskriminierung, Rassismus, Sexismus, Homophobie, du respektierst Menschen und liebst Katzen. Alles super!«

Besonders für die queere Community bietet das Internet wichtige Möglichkeiten, sich auszutauschen und Inhalte zu veröffentlichen, da es nur unter großer Gefahr möglich ist, sich offline zu organisieren und Veranstaltungen abzuhalten. So wurde etwa im April 2021 eine Wohltätigkeitsveranstaltung für die LGBTQ+-Community in Moskau, bei der es Konzerte, eine Performance und eine Ausstellung geben sollte, von rechten Aktivisten und der Polizei gestört, obwohl der Veranstaltungsort online nicht angekündigt worden war. Der Abend musste abgebrochen werden und fand später online als Livestream statt. Außerdem wurde die geplante Ausstellung *Liebe und Gender / Liebe und Protest* mit Fotografien, Gemälden und Zeichnungen in eine Online-Ausstellung umgewandelt. Dort kann man unter anderem ein Foto sehen, das zwei Personen mit Strick-Balaklavas in

Regenbogenfarben zeigt, die vor einem Gefangenentransporter stehen. Auch einen »Digital Pride« in Form einer Videocollage findet man auf Instagram – denn eine wirkliche Pride-Veranstaltung ist in Russland derzeit unvorstellbar. Zahlreiche Blogs, Online-Zines, Foren und Kanäle bieten außerdem die Möglichkeit, queere Inhalte im geschützten Raum zu veröffentlichen. So werden zum Beispiel in Fanfiction-Foren queere Liebesgeschichten erzählt.

Seit Beginn des Angriffskrieges im Februar 2022 betreiben nicht nur viele kritische Künstler*innen und unabhängige Medien ihre Online-Kanäle im Ausland, es entstehen auch neue Exilprojekte. Dazu gehört zum Beispiel *ROAR*, das *Russian Oppositional Arts Review*, das seit April alle zwei Monate online erscheint. Dort wird Kunst in den verschiedensten Formaten veröffentlicht: Literatur, Essay, Musik, Zeichnungen, Webdesign-Objekte, Videos ... Bekanntere und weniger bekannte Künstler*innen stehen dabei gleichberechtigt nebeneinander. *ROAR* ist eine wahre Fundgrube für aktuelle russische Gegenkultur. Die Redakteur*innen hoffen jedoch darauf, dass es irgendwann nicht mehr nötig sein wird, die Kunst in Russland in oppositionell und regimetreu zu unterteilen. Im Selbstverständnis des Projekts heißt es:

> **»Wir freuen uns schon jetzt auf den Moment, wenn ROAR für immer geschlossen wird, auf den Moment, in dem es nicht mehr nötig sein wird, einen bestimmten Teil der russischsprachigen Kultur als Opposition gegen das kriminelle russische Regime zu bezeichnen – einfach weil es dieses Regime nicht mehr geben wird.«**

Während viele oppositionelle Inhalte im Internet vor allem innerhalb der eigenen Bubble bleiben und es oft bei einem Austausch unter Gleichgesinnten bleibt, kann es auch passieren, dass künstlerischer Online-Protest eine breitere Sichtbarkeit erzielt und auch außerhalb der Bubble für Irritationen sorgt. Zum Beispiel, wenn ein Meme viral geht.

MEMES

Memes sind in den 2010er Jahren zum wohl beliebtesten Format des politischen Witzes avanciert. Was genau alles unter den Begriff Meme fällt und welche medialen Formen das Phänomen annehmen kann – darüber wurden schon Bücher geschrieben. Ich beschränke mich hier auf die vereinfachte Definition von Memes als im Internet verbreitete Bildwitze, die oft aus einer Kombination von Bild und Text bestehen und dabei bereits vorhandene Motive und Themen variieren. Memes gibt es mit den verschiedensten Inhalten und Bezügen, viele sind vollkommen unpolitisch. Doch Memes können auch Teil einer Gegenkultur sein. Mit ihnen wird häufig ironisch oder satirisch auf aktuelle politische Ereignisse reagiert. In Russland stehen solche Memes in einer besonderen Tradition, wie Irina Rastorgueva schreibt. Ihre »herbe Ironie erinnert an den politischen Witz in der Sowjetunion oder zitiert ihn direkt«. Witze, die man unter Vertrauten erzählte, gehörten während des Stalinismus zu den wenigen Möglichkeiten, Protest auszudrücken. Gleichzeitig waren sie, so Rastorgueva, die »einzige mögliche Reaktion auf den Terror des politischen Systems«, auf dessen Grausamkeit und Absurdität. Viktor Jerofejew schreibt in seiner *Enzyklopädie der russischen Seele* über die besondere Bedeutung des Witzes für die russische Gesellschaft: »Der Witz ist die einzige Form der russischen Selbsterkenntnis. Eine Form der Therapie. Mehr noch, eine Form des Überlebens. Andererseits eine Form der Verzweiflung.«

Die aktuellen Verhältnisse in Russland verlangen wieder nach politischen Witzen, schreibt Rastorgueva: »Heute produziert das System wieder den Anlass für den Witz oder die Anekdote, indem es immer absurdere Forderungen stellt, neue unverständliche Gesetze schafft, die in der Form komisch und im Inhalt erschreckend sind.« Seit sich die so erschreckenden wie absurden Meldungen aus Russland seit Februar 2022 überschlagen, ist der Bedarf an politischen Witzen – als Ausdruck von Protest und von Verzweiflung gleichermaßen – weiter gestiegen. Die Form, die sie dabei am häufigsten annehmen, ist das

Meme. Doch genau wie der politische Witz während der Sowjetunion ist auch heute das Posten und Liken von politischen Memes nicht ungefährlich. »Ende 2018 setzte eine Flut von ›Reposting-Fällen‹ ein. Menschen wurden zu Geldstrafen verurteilt oder sogar ins Gefängnis geschickt, weil sie ein Meme geliked oder repostet hatten«, schreibt Rastorgueva. Basis für die Verurteilungen waren wieder schwammige Gesetze. Unter anderem wurden den Nutzer*innen »Anstiftung zu Hass und Feindschaft aus rassistischen oder religiösen Gründen« und »Aufrufe zu extremistischen Aktivitäten« vorgeworfen. Dennoch erfreuen sich politische Memes weiterhin großer Beliebtheit.

Swetlana Schomowa untersuchte 2020 in einem Artikel, wie Putin über die Jahre in Memes dargestellt wurde. Das Bild, das man in Russland, aber auch im Ausland, zu Beginn seiner Präsidentschaft in den 2000er Jahren hatte, war geprägt von aufsehenerregenden PR-Bildern, die ihn als sportlichen Helden zeigen. »Obwohl diese Abenteuer zu dick aufgetragen, allzu extravagant waren [...], enthielten die Memes damals – bei allem Sarkasmus der Internet-User ihrem Helden gegenüber – einen Hauch von Begeisterung für den jungen, sportlichen Politiker«, so Schomowa. Man denke nur an die unzähligen Variationen, in denen das Foto von Putin, der mit nacktem Oberkörper auf einem Pferd reitet, Verbreitung erlangte – mal, um sich über ihn lustig zu machen, mal, um Bewunderung für den starken Anführer auszudrücken.

»Mit der Zeit nahm das Putin-Bild in den Memes andere Züge an«, schreibt Schomowa. Sein Klammern an der Macht und Wahlfälschungen wurden während des Wahlkamps 2017/2018 zum Thema vieler Memes, 2020 dann der Umgang mit der Corona-Pandemie und die Verfassungsänderungen, die es Putin erlauben, bis 2036 im Amt zu bleiben. »Wegen der Quarantäne darf Putin sein Amt nicht verlassen«, zitiert Schomowa einen populären Tweet. Aber auch abgesehen von konkreten politischen Ereignissen ist Putin ein beliebter Gegenstand von ironischen Memes, die oft »die nichtigsten mit Putin zusammenhängenden Nachrichten, Verhaltensweisen, verbalen oder emotionalen Unachtsamkeiten« zu ihrem Aufhänger machen. Das Interesse der

Netzkultur an der Figur Putin ist also weiterhin groß, aber das Bild des starken, sportlichen Anführers ist wohl endgültig dahin.

Ein häufig geteiltes Putin-Meme aus dem Jahr 2020 entstand im Zusammenhang mit dem Attentat auf Alexej Nawalny, bei dem man anfangs annahm, dass Nawalny das Gift über einen Tee, den er am Flughafen trank, verabreicht wurde. Das Meme verwendet ein Foto aus dem Jahr 2017, auf dem Putin dem saudischen König Tee anbietet, dieser aber ablehnt. Ergänzt wird das Bild mit dem Text »When Putin offers you tea but you are allergic to Polonium-210«. Anfang Februar 2022 wurde dann ein Foto, auf dem sich Putin und Emmanuel Macron mit großem Abstand an einem langen weißen Tisch gegenübersitzen, zu einem Meme,

Die wohl verbereitetste Meme-Variante von Putins Pferderitt

Viral gegangenes Putin-Meme im Zusammenhang mit dem Attentat auf Alexej Nawalny

das in unzähligen Varianten durch das Internet geisterte und sich über Putin lustig machte. Mal wird der Tisch als riesige Tischtennisplatte mit Netz in der Mitte dargestellt, die beiden Präsidenten halten Schläger in den Händen. Andere Varianten platzieren die Teilnehmer des letzten Abendmahls zwischen Putin und Macron am Tisch oder lassen Eiskunstläufer*innen darauf ihre Pirouetten drehen.

Während solche spöttischen Darstellungen mittlerweile die Putin-Memes dominieren dürften, versuchte noch 2017 eine Ausstellung in Moskau anlässlich von Putins 65. Geburtstag Memes als Beweis der Stärke und Beliebtheit des Präsidenten zu verkaufen. Das Portal

RIA Nowosti zitierte die Organisator*innen der Ausstellung folgendermaßen:

> **»Putin ist längst über den Status des Präsidenten hinausge-
> wachsen und wurde zu einem international bekannten Meme –
> einer beliebten Figur für Titelbilder, [...] Fotomontagen und Videos.
> Der Wiedererkennungswert von Russlands Leader steht dem von
> Superman in nichts nach«.**

Es ist ein weiteres Beispiel dafür, wie politische Strateg*innen des Putin-Regimes versuchen, sich die Gegenkultur anzueignen und ihr so
die Schärfe zu nehmen. Und es macht auch deutlich, dass ein Meme
selbst nicht per se subversiv ist, sondern sowohl Gegenkultur als auch
Propaganda sein kann.

Doch nicht nur die russische Regierung, auch Nawalnys Team
versucht, die Popularität von Memes für sich zu nutzen. Rastorgueva sieht die Reaktionen auf Nawalnys Enthüllungsvideo über Putins
Palast als Beispiel dafür. Nicht nur die »Akwadiskoteka«, sondern
auch die goldene Klobürste für 700 Euro, die sich auf den Bestelllisten
für den Palast findet, wurden zu Memes und Symbolen des Protests.
Rastorgueva schreibt:

> **»Die Bürste wird zum Requisit des Protests mit brachialer Meta-
> phorik. Sie wird als Persiflage auf das Zepter des Zaren und den
> allgegenwärtigen Polizeiknüppel getragen oder als verlängerter
> Mittelfinger der Macht entgegengestreckt. [...] Der Terminus
> ›Akwadiskoteka‹ wird zur Folie, auf der ›die dummen Streiche der
> Reichen‹ und Mächtigen in immer neuen Variationen satirisch
> attackiert werden. Begriffe und Symbole werden zu Memes, die
> sich wie Akkumulatoren mit Geschichte aufladen.«**

Diese Symbole funktionierten nicht nur online als Memes, sondern
traten in Wechselwirkung mit der Offline-Welt, indem sie reale Proteste auf den Straßen begleiteten. Demonstrant*innen reckten wütend

mit Goldfarbe bemalte Klobürsten in die Höhe, als sie gegen das korrupte Putin-Regime auf die Straße gingen.

Manchmal findet man sogar oppositionelle Memes an Stellen, wo man sie nicht erwartet. So gab es auf einer Instagram-Memeseite, auf der sonst keine politischen Inhalte zu finden sind, sondern eher flache, auch sexistische Witze, im Oktober 2021 einen überraschend kritischen Post. Unter dem Motto »Auswahl der besten Halloweenkostüme« folgten mehrere Slides mit Kostümideen, die Angst und Schrecken verbreiten, darunter: »Bulle in Zivil«, »Unangekündigter Besucher im Büro« und »Stubenhocker«. Letzteres spielt auf den Hausarrest an, der immer häufiger als Repressionsmaßnahme gegen kritische Künstler*innen und Aktivist*innen zum Einsatz kommt. Abgebildet als Teile des Kostüms sind ein Jogginganzug und eine Fußfessel. Beim »unangekündigten Besucher« sieht man die Aufnahme eines Büros, in dem zwei Frauen auf dem Boden liegen, dazwischen steht ein schwarz gekleideter, vermummter Polizist. Um das Foto herum sind die Kostümbestandteile (Balaklava, kugelsichere Weste, Stiefel und Pistole) abgebildet, darunter jeweils der Preis in Rubel.

Auch auf die Invasion in die Ukraine haben russische Internetnutzer*innen mit Memes reagiert. Zum Beispiel mit Galgenhumor, der versucht, der Fassungslosigkeit Herr zu werden, indem er sich über ein absurdes Element der Situation lustig macht. Ein weltweit viel geteiltes Meme drückt dagegen die Hoffnung auf einen guten Ausgang des Krieges aus. Das Bild ist vertikal in zwei Hälften geteilt. In der oberen Hälfte sieht man Putin, der eine spitze Nadel an einen Luftballon in den ukrainischen Nationalfarben hält. In der unteren Hälfte sieht man, dass nicht, wie erwartet, der Luftballon platzt, sondern Putin. Ob dieses Meme in Russland entstand oder dort einfach von vielen Putin-Gegner*innen geteilt wurde, lässt sich wohl nicht mehr rekonstruieren. Manche der Memes, die auf den Krieg reagieren, transportieren dabei in ihrer kurzen Form sogar erstaunlich viel Inhaltliches. Zum Beispiel teilte der Propaganda-Experte und Doschd-Journalist Ilya Shepelin im April 2022 ein Meme auf Twitter, das gleich zwei Probleme der russischen Propaganda auf den Punkt

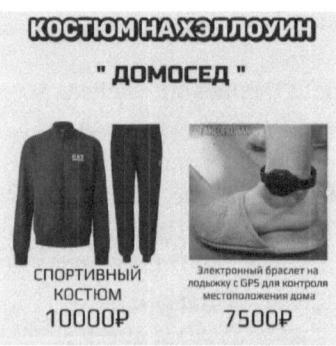

КОСТЮМ НА ХЭЛЛОУИН

" ДОМОСЕД "

СПОРТИВНЫЙ
КОСТЮМ
10000₽

Электронный браслет на
лодыжку с GPS для контроля
местоположения дома
7500₽

Meme der Kostümidee »Stubenhocker«

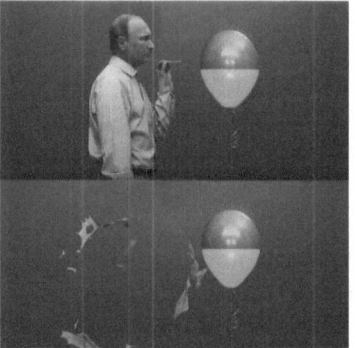

Meme mit platzendem Putin

bringt. Zum einen die eigentlichen Propaganda-Lügen, denen viele Menschen glauben. Und zum anderen das Problem, dass diese Lügen auch bei Menschen, die nicht an sie glauben, eine Wirkung haben. Denn sie tragen dazu bei, dass generelle Zweifel entstehen und viele überhaupt keiner Darstellung in den Medien mehr glauben – die Wahrheit und die Fakten werden so zu einer kaum identifizierbaren Möglichkeit unter vielen. Das Meme basiert auf dem häufig verwendeten Bild einer Katze und einer Schinkenpackung. An der Schinkenpackung finden sich deutliche Beißspuren, ein Teil wurde herausgefressen. Die Katze schaut scheinbar unschuldig. Shepelins Tweet-Text über dem Bild lautet: »Es ist schon lange bekannt, dass der Schinken sich selbst angegriffen hat.« Und auf dem Bild selbst steht: »Es ist alles nicht so eindeutig« und »Wir kennen nicht die ganze Wahrheit« – Aussagen, denen man in Reaktionen von Russ*innen auf Nachrichten aus der Ukraine häufig begegnet.

Im Oktober 2022 teilten oppositionelle Nutzer*innen begeistert Memes, die zwar auch auf die Absurditäten und den Schrecken des Putin-Regimes hinweisen, aber gleichzeitig einen kleinen Sieg über das System feiern. In der Stadt Tjumen in Westsibirien hatte eine Frau »Нет в***е« (die zensierte Form von »Нет войне«, »Net woine«, dt. »Nein zum Krieg«) auf die Straße geschrieben. Sie wurde verhaftet und wegen »Diskreditierung der Armee« vor Gericht gebracht – ebenjenem »Vergehen«, das mit bis zu 15 Jahren Haft bestraft werden kann. Während des Prozesses erklärte die Frau, dass sie nicht »Net woine«

gemeint habe, sondern »Net woble« (»Nein zur Wobla«, eine Fischart). Sie könne diese Fische einfach nicht leiden und habe ihre Ablehnung ausdrücken wollen. Überraschenderweise wurde die Frau freigesprochen. Dieser kleine Erfolg wurde anschließend in unzähligen Memes gefeiert, die zum Beispiel einen durchgestrichenen Fisch oder ein Buchcover mit dem Titel »Wobla und Frieden« zeigen.

Solche Memes, die den Staat verspotten und seltene Lichtblicke feiern, sollen nicht in erster Linie politischen Protest aus der Bubble heraus nach außen tragen, sondern vor allem etwas Positives unter Gleichgesinnten teilen, um sich gegenseitig Mut zu machen und trotz allem gemeinsam über die Absurdität der russischen Gegenwart zu lachen. Der Ausdruck von Solidarität und Zusammenhalt, die Bestätigung, in dieser Situation nicht allein zu sein, ist in der verzweifelten Lage, in der sich russische Oppositionelle derzeit befinden, zu einer wichtigen Funktion von Gegenkultur geworden.

Doch nicht nur Memes werden von oppositionellen Accounts geteilt, sondern auch Fotos von Protest im öffentlichen Raum: Von Anti-Kriegs-Graffiti und von mutigen Protestperformances Einzelner. Da solche Aktionen nur von kurzer Dauer sind, sorgt die Dokumentation im Netz dafür, dass sie größere Sichtbarkeit und Resonanz erhalten.

PROTESTPERFORMANCES IM ÖFFENTLICHEN RAUM

Protest im öffentlichen Raum ist in Russland derzeit äußerst gefähr-lich – gleichzeitig ist es die einzige Möglichkeit, gezielt Menschen außerhalb der eigenen Internet-Bubble zu erreichen und für Irritatio-nen in den dominanten Propaganda-Erzählungen zu sorgen. An die Stelle von Demonstrationen und Kundgebungen sind Einzelaktionen getreten – und künstlerische Formen des Protests.

Street Art zum Beispiel. An Hauswänden sieht man Graffiti mit Parolen gegen den Krieg oder Stencils, die in Anlehnung an ein altes Gegen-Nazis-Symbol dazu auffordern, das »Z« der Kriegspropaganda in den Papierkorb zu werfen. An einer Ampel in Moskau hat jemand die Aufschrift auf dem Drücker ergänzt: »Schdite« (»Warten Sie«) steht dort, jemand hat darüber geschrieben: »On umret« (»Er wird ster-ben«) – und es ist klar, wer »er« ist, auf dessen Tod man hier warten soll. In Hinterhöfen wurden Holzkreuze mit Botschaften in Erinne-rung an getötete Zivilist*innen in der Ukraine aufgestellt, an Straßen-schildern flattern grüne Bänder – die Mischung aus Blau und Gelb.

Eine andere Form künstlerischen Protests, die trotz der großen Gefahr, verhaftet zu werden, weiterhin immer mal wieder an ver-schiedenen Orten in Russland stattfindet, sind Protestperformances. Das sind Aktionen im öffentlichen Raum, bei denen einzelne Perso-nen oder kleine Gruppen mit künstlerischen, performativen Mitteln protestieren und durch ihr Auftreten auf bestimmte Themen auf-merksam machen – aktuell vor allem auf den Krieg in der Ukraine und die dort von Russland begangenen Kriegsverbrechen.

Im März 2022 übergoss sich im Zentrum von Sankt Petersburg die Künstlerin Jewgenija Isajewa mit roter Farbe. Auf ein Tuch hatte sie einen Text gegen den Krieg geschrieben. Für diese Performance, die den Titel *Mein Herz blutet* trug, wurde Isajewa für acht Tage inhaftiert und zu einer Geldstrafe verurteilt. In Moskau zeigten sich ebenfalls Aktivist*innen in mit roter Farbe beschmierter Kleidung. Ihre Performance mit dem Titel *Das Blut lässt sich nicht abwaschen* fand in der Nähe des Außenministeriums statt. Die Beteiligten wurden ebenfalls verhaftet.

Stencil in Anlehnung an ein Gegen-Nazis-Icon

Oft dauern solche Aktionen nur sehr kurz, bis die Polizei sie beendet. Durch das Teilen von Fotos und Videoaufnahmen der Protestperformances verlängern sie sich in den virtuellen Raum hinein. Ihre Wirkung ist damit eine doppelte: Auf der Straße sorgen sie bei Passant*innen für Irritationen, im Netz zeigen sie Gleichgesinnten, dass sie nicht allein sind, dass es andere gibt, die nicht einverstanden sind mit dem, was geschieht – und nicht zögern, das auch zu zeigen. Warum dabei häufig künst-lerische Formen zum Einsatz kommen,

Protest auf einem Ampeldrücker in Moskau

erklärt die Aktivistin Apollinaria Oleinikova, die im März 2022 aus Russland nach Berlin geflohen ist, in einem Interview mit *Cosmo* so: »Kunst zu benutzen, um zu protestieren, hilft auch dabei, die Zensur zu umgehen. Außerdem kann man damit viel besser die Emotionen der Menschen erreichen und sie beeinflussen.« Rote Farbe, die an Blut erinnern soll, kann ein stärkeres Statement sein als eine abstrak-te Parole – und jemand, der sich mit roter Farbe übergießt, lässt sich schwerer wegen »Diskreditierung der Armee« verurteilen als jemand, der mit einem Schild mit der Aufschrift »Nein zum Krieg« protestiert.

Künstlerischer Protest und provokative Performances mit politischen Themen in der Öffentlichkeit haben Tradition in Russland. Sie gehen zurück auf die Moskauer Aktionskunst der neunziger Jahre, die unter anderem von Oleg Kulik geprägt wurde, der »bei mehreren Performances nackt als wilder Hund« auftrat und so »die Verletzlichkeit wie die Aggressivität des Individuums in der russischen Gesellschaft« verkörperte, wie Lena Jonson schreibt. Die Aktionskünstler*innen spielten zwar mit politischen Symbolen, aber »ihr zentrales Ziel war es nicht, eine politische Botschaft zu vermitteln«, so Jonson weiter. Sie waren vielmehr »von dem anarchistischen Bestreben angetrieben, gegen Autoritäten und alle dominanten politischen wie gesellschaftlichen Einstellungen zu spotten«.

Ende der 2000er, Anfang der 2010er Jahre kam es dann zu einer »zweiten Blütezeit« des Aktionismus, wie Jonson es ausdrückt. Mit Woina, Bombily und Pussy Riot entstanden neue Gruppen aktionistischer Künstler*innen, für die Politik eine wichtige Rolle spielte. Andreas Pankratz schrieb in einem Artikel zur russischen Protestkunst folgendes über die Gruppe Woina:

> **»Vandalismus, Provokation, gesellschaftlicher Protest und künstlerischer Anspruch – bei kaum einem anderen Projekt aus Russland verschwimmen diese Begriffe so sehr wie beim Streetart-Kollektiv ›Woina‹. Im Russischen bedeutet der Begriff ›Krieg‹, und eine Kriegserklärung an die Staatsobrigkeit ist es in der Tat, die sie mit zahlreichen Aktionen seit der Gründung formuliert haben.«**

Große Aufmerksamkeit erhielt eine Aktion der Gruppe aus dem Jahr 2010. In Sankt Petersburg hielten sie den Verkehr über eine Klappbrücke an und malten mit weißer Farbe einen 65 Meter großen Phallus auf eine der Brückenhälften. Als sich die Brücke öffnete, zeigte der Phallus auf das Gebäude des Inlandsgeheimdienstes FSB. Ein Video von der Aktion ist unter dem Titel *Chudoschniki jebut FSB chujem* (»Künstler ficken den FSB mit einem Schwanz«) auf YouTube abrufbar.

Kurz darauf gründete sich Pussy Riot – als Reaktion darauf, dass Putin im Jahr 2011 ankündigte, für eine weitere Amtszeit als Präsident zu kandidieren, obwohl die Verfassung nur zwei Amtszeiten vorsah. Mascha Alechina schreibt in ihrem Buch *Tage des Aufstands*: »Wir, Pussy Riot, gingen auf den Platz, weil wir eine andere Geschichte wollten. Denn die, in der sich der

Video zur Aktion der Gruppe Woina auf der Liteini-Brücke in Sankt Petersburg (2010)

Präsident in einen Imperator verwandelt, passte uns nicht.« Die Gruppe ist vor allem für ihre Performance in der Christ-Erlöser-Kathedrale bekannt, die Auslöser für den Prozess gegen Pussy Riot war, aber auch davor organisierten sie einige Protestperformances an öffentlichen, oft symbolträchtigen Orten und verbrannten zum Beispiel Putinbilder.

Nach dem Prozess gegen Pussy Riot »wagten die meisten Aktionskünstler keine politischen Aktionen mehr«, schreibt Jonson. Eine Ausnahme bildete Pjotr Pawlenski, dessen radikalen Performances in den Jahren 2012 bis 2016 große Aufmerksamkeit erregten. Für Pawlenski waren die Reaktionen der Öffentlichkeit und der Behörden Teil seiner Performances. Er nahm seine Verhaftung willentlich in Kauf – wie seinen Aktionen generell eine Tendenz zur Selbstverletzung inhärent ist (etwa als er seinen Hodensack auf dem Roten Platz festnagelte).

Um das Jahr 2016 wurde dann eine ganz andere Form von Protestperformances populär, die »stille Performance« oder »stille Mahnwache«. Eine Form, der eine radikale Selbstinszenierung wie bei Pawlenski fremd ist, und die »nicht die direkte Konfrontation mit dem Staat« sucht, wie Jonson betont. Eine Verhaftung soll nicht Teil der Performance sein, sondern wenn möglich vermieden werden. Geprägt wurde diese Form von der Künstlerin und Kuratorin Daria Serenko. Sie fuhr in den Jahren 2016 und 2017 mit Plakaten, die politische

Verfolgung, Homofeindlichkeit und häusliche Gewalt thematisierten, in den öffentlichen Verkehrsmitteln und lief durch die Straßen von Moskau. Das fand viele Nachahmer*innen.

Aufgegriffen wurde diese Form zum Beispiel auch von der Künstler*innengruppe Rodina (»Heimat«), die von 2013 bis 2018 in Sankt Petersburg aktiv war. Im Jahr 2016 organisierten sie eine »stille Performance« in der Stadt. »Die Beteiligten hielten an unterschiedlichen Orten Plakate hoch, auf denen Sprüche wie etwa ›Schmerz, Leere, Patriotismus‹ oder ›geboren, ausgehalten, gestorben‹ zu lesen waren«, beschreibt Andreas Rossbach in einem Artikel die Aktion. Auch damals gab es bereits eine Online-Fortsetzung von Protestperformances. Rossbach schreibt, die Performance habe vor Ort kaum Aufsehen erregt, es sei kein Dialog mit Passant*innen zustande gekommen. Doch Fotos, die die Aktion dokumentierten, wurden vielfach im Netz geteilt »und in ganz Russland wurde darüber berichtet«.

Eine aktuell weiterhin aktive Künstler*innengruppe, die an die Form der »stillen Performance« anknüpft, ist die Partija mjortwych, die »Partei der Toten«. Die Aktionen der Gruppe folgen einem morbiden, düsteren Thema. Die Beteiligten verbergen ihre Gesichter stets hinter Totenschädeln aus Pappe. Für die Performances wählen sie meist Friedhöfe oder Orte, die symbolisch mit der Staatsmacht verbunden sind. Auf ihrer Instagram-Seite beschreibt sich die Partei der Toten selbst scherzhaft als »the biggest and the most horizontal political party ever«. Ihren Stil nennen sie »Necroactivism«, der den Zustand des Todes und Verfalls »politisiert oder sogar revolutioniert«, wie eines der Mitglieder im Interview mit dem Blog *Novinki* sagt. Der Tod sei schon lange ein wichtiger Topos der russischen Kultur und »der Kulminationspunkt von all dem ist der Krieg, den Putin angefangen hat. Denn Russland ist Tod und die Vernichtung der Welt.«

Den russischen Krieg gegen die Ukraine hat die Partei der Toten schon in verschiedenen Aktionen zum Thema gemacht, wobei immer Pappschilder mit Botschaften zum Einsatz kommen. Zum Beispiel »Tote für den Frieden« steht darauf oder »Sa mogilisazija!«, ein Wortspiel aus den russischen Wörtern für Mobilisierung und Grab. Eine aufsehenerregende Aktion, die im März 2022 auf einem verschneiten Friedhof stattfand, griff den Propaganda-Slogan »Wir lassen die Unseren nicht zurück« auf, der häufig zusammen mit dem Z-Symbol verbreitet wird, und ergänzte ihn mit: »Nur ihre Leichen«.

Die Partei der Toten

Auch viele Einzelpersonen haben sich seit dem 24. Februar 2022 im stillen Protest mit einem Zettel mit Anti-Kriegs-Botschaft auf Russlands Straßen und Plätze gestellt. Nachdem die Parole »Net Woine« (»Nein zum Krieg«) verboten worden war, entstanden immer neue, kreative Versuche, die Zensur zu umgehen – und ihre Absurdität zu verdeutlichen. So schrieben Protestierende zum Beispiel »Dwa Slowa«

Zensurumgehung: »*** *****«
(»Net Woine«/»Nein zum Krieg«)

(»Zwei Wörter«) oder bloß »*** *****« auf ihre Schilder. Auch eine Kreditkarte der Firma Mir (»Welt« bzw. »Frieden«) und eine Packung Schinken der Marke Miratorg, auf der der zweite Teil des Firmennamens durchgestrichen wurde, kamen in solchen Protesten schon zum Einsatz. Jedes Mal wurden die Protestierenden verhaftet.

Manche Protestperformances verzichten auf den Einsatz von Schildern und Sprache und arbeiten stattdessen mit einer deutlichen Bildsprache. Die Bilder schaffen die Künstler*innen durch die Positionierung ihrer Körper und ihre Kostümierung. So zum Beispiel im Mai 2022, als vor dem Bolschoi-Theater eine Protestperformance mit dem Titel *Die russische Welt* stattfand. Eine Person lag unter einem Leichentuch am Boden, dahinter stand eine zweite Person in

Protestaktion 2022 als Reaktion auf die Bilder von Butscha

Militärkleidung mit weiß geschminktem Gesicht und blutbeschmiertem Mund, die mit ihrem Stiefel auf die Person am Boden trat und mit den Händen eine riesige russische Flagge schwenkte.

Eine andere Protestperformance stellte die Fotos der Toten von Butscha nach, die die russischen Staatsmedien nicht zeigten. Nachdem die Bilder im April 2022 um die Welt gingen, legten sich Protestierende an zentralen Plätzen in Moskau mit auf dem Rücken zusammengebundenen Händen auf den Boden, um die Menschen zum Hinschauen zu bewegen.

Der stumme, bildhafte Protest ist all diesen Aktionen gemeinsam. Er betont die Kraft der Bilder, die mehr ausdrücken als eine Rede – aber er verweist auch darauf, dass die russische Regierung ihre Gegner*innen mit Zensur und Repressionen zum Schweigen bringen will. Bei einigen Protestperformances haben sich die Beteiligten sogar selbst den Mund mit Klebeband zugeklebt – ein Ausdruck von Ohnmacht und gleichzeitig Protest dagegen.

Die Mischung aus Ohnmacht und dem Willen, trotz allem nicht zu schweigen, ist wohl das, was oppositionelle russische Künstler*innen und Aktivist*innen derzeit verbindet. Die Kombination von politischen Protestaktionen mit künstlerischen Formen verweist auf das, was Gegenkultur ausmacht: Mehr zu sein als die bloße Wiedergabe politischer Positionen oder realer Missstände und gleichzeitig genau diese mit aller Intensität zum Ausdruck zu bringen.

NO FUTURE?
WIE ES WEITERGEHEN KÖNNTE

Seien wir ehrlich, es sieht nicht gut aus. Russland hat sich innerhalb weniger Monate von einem repressiven Staat, der trotz allem Spielräume für oppositionelle Stimmen bot, in einen diktatorischen Terrorstaat verwandelt, der sein Nachbarland bombardiert, weil ihm 17 Millionen Quadratkilometer Territorium noch nicht genug sind. Der regelmäßig in den Abendnachrichten mit der atomaren Vernichtung der westlichen Welt droht und der alles verbietet, was nicht der eigenen Ideologie entspricht – die Berichterstattung über Kriegsverbrechen genauso wie das Sprechen über Homosexualität.

Unter diesen Umständen kann Gegenkultur nur in zwei Formen weiterexistieren. Im Exil und unter dem Radar. Die Hoffnung ist, dass das, was klein, unauffällig und vorsichtig genug ist, nicht von Repressionen betroffen sein wird. Russland ist ein großes, unübersichtliches Land, nicht alles kann überwacht werden. Auch nicht alle Publikationen und Internetforen können systematisch kontrolliert werden. Viele oppositionelle Künstler*innen haben auch bisher schon Wege gefunden, die Zensur auszutricksen. Das werden sie weiter versuchen. Vieles wird davon abhängen, wie groß der Wille zur Denunziation in der Bevölkerung sein wird. Klar ist aber, dass eine Gegenkultur, die vorsichtig sein muss, die unter dem Radar bleibt, ihre Wirkung auf die Öffentlichkeit aufgeben muss. Deutlicher Protest wird so zu einem Ausnahmefall, für den wenige Einzelne sehr viel aufs Spiel setzen.

Die Künstler*innen, die ins Exil gegangen sind – und dort auch bleiben können und nicht das Pech haben, dass ihr Visum nicht verlängert wird, sie kein politisches Asyl oder keine Arbeitserlaubnis erhalten –, können ihre Ablehnung des Putin-Regimes laut und deutlich ausdrücken. Aber mit dem Leben im Exil sind andere Probleme verbunden. Gegenkultur lässt sich nicht einfach so in ein anderes Land verlegen, ohne dass sie sich selbst verändert. Der Kunstexperte Nikolai Ivanov, der in Berlin im Exil lebt, erzählt mir im Mai 2022: »Hier haben wir einen anderen Status, wir sind Immigranten, wir erzählen neue, andere Geschichten.« In der Emigration verliert man nicht nur langsam den Bezug zu seinem Land und seiner Sprache, sagt Ivanov, sondern auch seinen Wirkungskontext und sein Publikum. Dazu kommen Probleme, Arbeit und Unterstützung zu finden. Es entstehen zwar Netzwerke oppositioneller russischer Künstler*innen im Ausland. Aber gleichzeitig ist die Angst groß, nicht gewollt zu sein, als Repräsentant des Aggressors gesehen zu werden. Für russische Künstler*innen sei es aktuell fast unmöglich, Aufträge oder Stipendien zu bekommen. »Sie sind gerade einem doppelten Druck ausgesetzt: dem von Putins Regime, und dem von Europa.«

Dazu kommt, dass Gegenkultur in einem neuen Kontext ihre kritische Funktion verlieren kann, weniger relevant wird. In Bezug auf queere Kunst bringt Ivanov das folgendermaßen auf den Punkt: »LGBT-Kunst gibt es in Russland nicht mehr, es ist jetzt alles hier, aber wer braucht queere Kunst in Berlin? In Berlin ist doch alles schon queer!« Ich habe die queere Musikerin Bogolepov auf diese Aussage angesprochen und sie nach ihrer Meinung gefragt. Ihre Perspektive ist eine andere: »Ich repräsentiere hier in Berlin die Community, die ich in Russland zurückgelassen habe. Hier kann ich offen sprechen und meine Stimme dafür nutzen, für die Community zu sprechen. Ich denke nicht, dass meine Kunst an einen bestimmten Ort gebunden ist.« Außerdem möchte sie ihre Musik nicht als queer labeln bzw. darauf reduzieren.

Bogolepov verweist auf eine wichtige Funktion, die Gegenkultur im Exil trotz aller Probleme und Einschränkungen hat: Sie spricht offen zu denen, die im Moment selbst nicht offen sprechen können. Die Menschen in Russland können die Texte lesen, die Musik hören und die Kunstwerke betrachten, die im Moment nicht in Russland selbst entstehen können, aber dennoch Ausdruck sind für vieles, was

Oppositionelle dort im Moment denken und fühlen. Und vielen gibt das Hoffnung.

Hoffnung darauf, dass es irgendwie weitergeht – und dass sich etwas ändern wird, dass Russland den Krieg verliert, die Kriegsverbrecher vor Gericht gestellt werden, Putin stirbt, sein Imperium zerfällt, die Gesellschaft »entputinisiert« wird, ein anderes, freies Russland aufgebaut werden kann. »Rossija budet swobodnoi«, »Russland wird frei sein« ist die hoffnungsvolle Parole der Opposition.

Darüber, wie wahrscheinlich ein solches Szenario ist, ist viel geschrieben worden. Nicht sehr, sagen die meisten. Die Machtstrukturen sind stark, ein großer Teil der Gesellschaft steht hinter dem Regime oder ist apolitisch und wird sich für revolutionäre Veränderungen nicht begeistern lassen. Doch viele haben die Hoffnung, dass sich Putin verrannt und mit dem Angriff auf die Ukraine seinen eigenen Untergang besiegelt hat. Ivanov sagt: »Manche waren froh, als der Krieg ausbrach, weil man plötzlich Putins Ende sehen konnte. Man dachte, es wird bald zu Ende sein.« Doch er fügt hinzu: »Selbst wenn Putin stirbt, wird es lange dauern, etwas zu verändern. Der FSB ist überall. Es gibt keine Prognose, wie sich etwas ändern könnte.«

Es bleibt das Gefühl, dass alles eigentlich nicht mehr schlimmer, nicht mehr absurder und unmöglicher werden kann. Dass das System irgendwann an einem Punkt angekommen sein muss, an dem es sich selbst zerstört. Bis dahin muss die Gegenkultur, trotz allem, weiter ihren Platz suchen – im Exil, im Verborgenen. Und darauf warten, vielleicht doch irgendwann dabei zu helfen, diese ganze Scheiße aufzuräumen.

Welche Themen die russische Gegenkultur in Zukunft behandeln wird, welche Möglichkeitsräume sich ihr bieten werden und welche Formen sie an welchen Orten annehmen kann, hängt davon ab, ob es gelingen kann, den zerstörerischen Kurs, den das Putin-Regime eingeschlagen hat, aufzuhalten. Klar ist, dass mit dem 24. Februar ein Umkehrpunkt erreicht wurde und es nicht möglich sein wird, zu dem Zustand vor dieser Eskalation zurückzukehren. Als sinnbildlich für den aktuellen Zustand in Russland könnte man die Installation

Metrostation der Künstler*innengruppe Pomidor verstehen, die im April 2022 in Moskau gezeigt wurde: Ein kahler Raum, eine leere, kalte Wartebank ohne Lehne und an der Wand die Aufschrift »Konetschnaja« (»Endstation«). Putins Russland, so scheint es, ist an seinem Ende angelangt, ist angekommen, versucht nicht mehr, den Schein zu wahren, und präsentiert sich offen als verbrecherische, imperialistische Diktatur. Von hier aus sehen die einen nur noch den Abgrund, die anderen Revolution und Neuanfang. Wie Pornofilmy singen: »Alles hört irgendwann auf.« So oder so.

Alechina, Mascha: *Tage des Aufstands. Aus dem Russischen von Maria Rajer.* Berlin: ciconia ciconia 2017.

Beld, Ardy: »Schlimmer als bergab‹. Punkband Pornofilmy über Russland«. Online verfügbar unter: https://taz.de/Punkband-Pornofilmy-ueber-Russland/!5844493/

Bickhardt, Philine / Grinina, Natalia und Landenberger, Yelizaveta: »»We Don't Leave Our People Behind (Only Their Bodies)‹ – an Interview with the Founder of ›Party of the Dead‹«. Online verfügbar unter: www.novinki.de/the-dead-dont-go-to-war-an-interview-with-the-%E2%80%8B%E2%80%8B-founder-of-party-of-the-dead-11th-march-2022/

Bunčić, Daniel: »Mat – russische Vulgärsprache«. Online verfügbar unter: www.dekoder.org/de/gnose/mat-russische-vulgaersprache

Chimik, Wassili: »Russischer Mat – kulturhistorische Aspekte«. Online verfügbar unter: www.dekoder.org/de/gnose/mat-schimpfsprache-kulturgeschichte

Danishevsky, Ilya: *Mannelig in Ketten. Aus dem Russischen von Anja Dagmar Schloßberger. Mit Zeichnungen von Tanya Pioniker.* Berlin: ciconia ciconia 2022.

DJ Stalingrad: *Exodus. Aus dem Russischen von Friederike Meltendorf.* Berlin: Matthes & Seitz 2013.

Engström, Maria: »Recycling der Gegenkultur. Die neue Ästhetik der ›Zweiten Welt‹«. In: *Zeitschrift Osteuropa*, 69. Jahrgang, Heft 5 (2019): Salto Mortale. Politik und Kunst im neuen Osteuropa.

Erofeev, Andrei: »Culture as the enemy. Contemporary Russian art under the authoritarian regime«. In: Jonson, Lena / Erofeev, Andrei (Hg.): *Russia – Art Resistance and the Conservative-Authoritarian Zeitgeist.* London and New York: Routledge 2018.

Fedorova, Anastasiia: »How Russian youth is raving into a bold new future«. Online verfügbar unter: www.dazeddigital.com/music/article/36362/1/russian-youth-raving-in-moscow-arma-17

Franko, Mikita: *Die Lüge. Aus dem Russischen von Maria Rajer.* Hamburg: Hoffmann und Campe 2022.

Friess, Nina und Kaminskij, Konstantin: »Sachar Prilepin«. Online verfügbar unter: www.dekoder.org/de/gnose/sachar-prilepin

Gäbler, Paul: »Recht auf Rave«. Online verfügbar unter: www.fluter.de/techno-kultur-st-petersburg-raf25

Glukhovsky, Dmitry: *Text. Aus dem Russischen von Franziska Zwerg.* München: Europa Verlag 2018.

Halbach, Uwe: »Russisch oder Russländisch? Putin und die nationale Frage«. Online verfügbar unter: www.swp-berlin.org/publications/products/aktuell/2012A09_hlb.pdf

Herbert, Alexander: *What About Tomorrow? An Oral History of Russian Punk from the Soviet Era to Pussy Riot.* Portland, Oregon: Microcosm Publishing 2019.

Holm, Kerstin: »Ein stolzer Extremist. Zum Tod Eduard Limonows«. Online verfügbar unter: www.faz.net/aktuell/feuilleton/buecher/zum-tod-des-autors-eduard-limonow-16685122.html

Jarmysch, Kira: *DAFUQ. Aus dem Russischen von Olaf Kühl.* Berlin: Rowohlt 2021.

Jerofejew, Viktor: *Die Akimuden. Aus dem Russischen von Beate Rausch.* Berlin: Hanser 2013.

Jerofejew, Viktor: *Enzyklopädie der russischen Seele. Aus dem Russischen von Beate Rausch.* Berlin: Matthes & Seitz 2021.

Jonson, Lena: »Introduction«. In: Jonson, Lena / Erofeev, Andrei (Hg.): *Russia – Art Resistance and the Conservative-Authoritarian Zeitgeist.* London, New York: Routledge 2018.

Jonson, Lena: »Von der Peripherie an die Staatsspitze. Gegenkulturen im postsowjetischen Russland«. In: *Zeitschrift Osteuropa,* 69. Jahrgang, Heft 5 (2019): Salto Mortale. Politik und Kunst im neuen Osteuropa.

Judin, Grigori: »Warum Putin kein Populist ist. Aus dem Russischen von Hartmut Schröder«. Online verfügbar unter: www.dekoder.org/de/article/putin-populismus-manipulation

Kalinin, Ilya: »The ›Russian World‹: genetically modified conservatism, or why ›Russian culture‹ matters«. In: Jonson, Lena / Erofeev, Andrei (Hg.): *Russia – Art Resistance and the Conservative-Authoritarian Zeitgeist.* London, New York: Routledge 2018.

Kazakov, Evgenij: »Wider den ›Niedergang der Nation‹. Die Kampagne gegen Musiker in Russland«. In: *Zeitschrift Osteuropa,* 69. Jahrgang, Heft 5 (2019): Salto Mortale. Politik und Kunst im neuen Osteuropa.

Kishkovsky, Sophia: »Alexey Beliayev-Guintovt—a Putin supporter who is one of Russia's best-known artists—discusses why he is happy his country's art market is in ruins«. Online verfügbar unter: www.theartnewspaper.com/2022/05/11/beliayev-guintovt-waves-russian-flag-for-victory-day

Kutscher, Tamina / Meltendorf, Friederieke: *dekoder. Russland entschlüsseln 1.* Berlin: Matthes & Seitz 2019.

Kuzmin, Dmitry: »I've got nothing to say today, I'm afraid«. Online verfügbar unter: https://roar-review.com/Dmitry-Kuzmin-f961ee27150b4ef9be073ff2d-b3464e0

Lapenkova, Marina (AFP): »Abkehr von westlichen Werten auch in der Kunst. In Russland ist eine konservative ›Kulturrevolution‹ im Gange«. Online verfügbar unter: www.tagesspiegel.de/kultur/in-russland-ist-eine-konser-vative-kulturrevolution-im-gange-8588536.html

Lomasko, Victoria: *Die Unsichtbaren und die Zornigen*. Aus dem Russischen von Sandra Frimmel. Zürich: Diaphanes 2018.

Lomasko, Wiktoria und Nikolajew, Anton: *Verbotene Kunst. Eine Moskauer Ausstellung. Gerichtsreportage. Aus dem Russischen und mit einem Nachwort von Sandra Frimmel*. Berlin: Matthes & Seitz 2013.

Medwedew, Kirill: *Antifaschismus für alle. Essays, Gedichte, Manifeste. Aus dem Russischen von Matthias Meindl und Georg Witte*. Berlin: Matthes & Seitz 2020.

Ministerstwo kultury Rossijskoj federazii: »Osnowy gosudarstwennoj kultur-noj politiki« (»Grundlagen der staatlichen Kulturpolitik«). Online verfügbar unter: https://culture.gov.ru/upload/mkrf/mkdocs2016/OSNOVI-PRINT.NEW.indd.pdf

Nikulin, Paša: *mai. automatischer brief. Aus dem Russischen von Aleksej Tikhonov*. Moskau, Berlin, Potsdam: Eigenpublikation 2021.

Ovchinnikov, Nikolay: »›Together in electric dreams‹. Journalist Nikolay Ovchinnikov explains how Russian music is coping with the war«. Online verfügbar unter: https://meduza.io/en/feature/2022/10/06/together-in-elec-tric-dreams

Pankratz, Andreas: »Mit krasser Kunst kontern«. Online verfügbar unter: www.fluter.de/mit-krasser-kunst-kontern

Pawlenski, Pjotr: *Aktionen. Aus dem Russischen von Maria Rajer*. Heraus-gegeben von Ilya Danishevsky und Wladimir Velminski. Berlin: ciconia ciconia 2016.

Perera, Loretta Marie: »Goodbye, Pussy Riot. Meet the trailblazing women pioneering Russia's post-punk underground«. Online verfügbar unter: www.calvertjournal.com/features/show/11414/women-underground-mu-sic-russian-punk-scene-after-pussy-riot

Rastorgueva, Irina: *Das Russlandsimulakrum. Kleine Kulturgeschichte des poli-tischen Protests in Russland. Mit einer Meme-Collage von Irina Rastorgueva*. Berlin: Matthes & Seitz 2022.

Rossbach, Andreas: »Russlands engagierte Jugend: Mit Performance-Kunst gegen die politische Ohnmacht«. Online verfügbar unter: www.zeit.de/zett/politik/2016-12/russlands-engagierte-jugend-mit-performance-kunst-ge-gen-die-politische-ohnmacht

Ryklin, Michail: *Mit dem Recht des Stärkeren. Russische Kultur in Zeiten* der »gelenkten Demokratie«. Aus dem Russischen von Gabriele Leupold. Frankfurt am Main: Suhrkamp Verlag 2006.

Schell, Roman: »Punk gegen Putin. Auf Tour mit ›Pornofilmy‹«. Online verfügbar unter: www.mdr.de/nachrichten/welt/osteuropa/land-leute/russ-land-punkband-pornofilmy-100.html

Schmid, Ulrich: »Russki Mir«. Online verfügbar unter: www.dekoder.org/de/gnose/russki-mir

Schmid, Ulrich: *Technologien der Seele. Vom Verfertigen der Wahrheit in der russischen Gegenwartskultur.* Berlin: Suhrkamp Verlag 2015.

Schomowa, Swetlana: »Ein Putin – viele Memes. Aus dem Russischen von Ruth Altenhofer«. Online verfügbar unter: www.dekoder.org/de/article/putin-memes-propaganda-populaerkultur

Seward, Mahoro: »@russian.queer.revolution is the LGBTQI+ art platform you need to know«. Online verfügbar unter: https://i-d.vice.com/en/article/epgdja/queer-russian-instagram-art-platform

Smola, Klavdia: »Alternative statt Protest. Pragmatische Wende in der russischen Kunst«. In: *Zeitschrift Osteuropa*, 69. Jahrgang, Heft 5 (2019): Salto Mortale. Politik und Kunst im neuen Osteuropa.

Sorokin, Vladimir: *Die rote Pyramide. Erzählungen. Aus dem Russischen von Andreas Tretner und Dorothea Trottenberg.* Köln: Kiepenheuer & Witsch 2022.

Sorokin, Vladimir: *Der Tag des Opritschniks. Aus dem Russischen von Andreas Tretner.* Köln: Kiepenheuer & Witsch 2008.

Tschapnin, Sergej: »Die Kirche des Imperiums. Aus dem Russischen von Anja Lutter, Jennie Seitz«. Online verfügbar unter: www.dekoder.org/de/article/die-kirche-des-imperiums

Vassilieva, Ekaterina: *Fantasie an der Macht. Literarische und politische Autorschaft im heutigen Russland.* Berlin: Matthes & Seitz 2021.

Woltschek, Dmitri: »»Projekt »Rossija« sakontschen‹. Danila Tkatschenko isutschajet ruiny«. (»»Das Projekt »Russland« ist beendet‹. Danila Tkatschenko untersucht die Ruinen«). Online verfügbar unter: www.svoboda.org/a/proekt-rossiya-zakonchen-danila-tkachenko-izuchaet-ruiny/32135132.html

DANK

Ich möchte denjenigen danken, die mir bei der Entstehung dieses Buches geholfen haben – u. a. mit Interviews, Gesprächen, Hinweisen, Kritik und der Navigation durch die Untiefen der russischen Sprache. Danke für euer Vertrauen, eure Zeit und eure Unterstützung.

Gene Bogolepov, Alexei Dokuchaev, Jonas Engelmann, Natalia Feld, Max Hausmann, Isabella Hoyer, Nikolai Ivanov, Maryna Karpenko, Andrey Klimenko, Elisabeth Königshofer, Vica Kravtsova, Sergej Lebedew, Peggy Lohse, Yana Markovich, Moscow Death Brigade, Sarah Mühlbacher, Annkatrin Müller, Pasha Nikulin, Nicole Peinz, Dinara Rasuleva, Felix Sandalov, Oliver Schmitt, Aleksej Tikhonov, Wladimir Velminski

Dieses Buch ist all denen gewidmet, die nicht schweigen. Denen, die ins Exil gegangen sind, und denen, die bleiben wollen oder müssen und trotz allem weitermachen. Und vor allem denen, die im Gefängnis sitzen, weil sie nicht einverstanden sind.

Россия будет свободной.

BILDQUELLEN

Anne Hahn /
Frank Willmann (Hg.)
NEGATIV-DEKADENT
Punk in der DDR

Dennis Burmeister /
Sascha Lange
BEHIND THE WALL
Depeche Mode-Fankultur
in der DDR

Dennis Burmeister /
Sascha Lange
OUR DARKNESS
Gruftis und Waver in
der DDR

Anne Hahn /
Frank Willmann (Hg.)
**SATAN, KANNST
DU MIR NOCH MAL
VERZEIHEN**
Otze Ehrlich, Schleimkeim
und der ganze Rest

Alexander Pehlemann
**WARSCHAUER
PUNK PAKT**
Punk im Ostblock
1977–1989

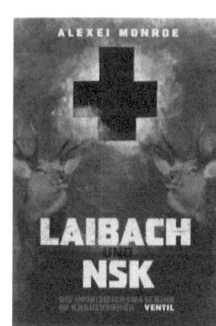

Alexei Monroe
LAIBACH UND NSK
Die Inquisitionsmaschine
im Kreuzverhör

www.ventil-verlag.de

Buskies/Engelmann (Hg.)
KEINE MACHT FÜR NIEMAND
Ton Steine Scherben Songcomics

Wolfgang Seidel
SCHERBEN
Musik, Politik und Wirkung der Ton Steine Scherben

Jonas Engelmann
DAHINTER. DAZWISCHEN. DANEBEN.
Von kulturellen Außenseitern und Sonderlingen

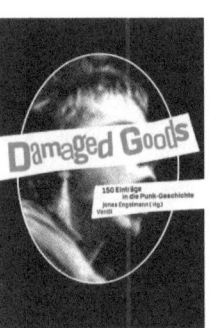

Jonas Engelmann (Hg.)
DAMAGED GOODS
150 Einträge in die Punk-Geschichte

Vivien Goldman
DIE RACHE DER SHE-PUNKS
Eine feministische Musikgeschichte von Poly Styrene bis Pussy Riot

Katja Peglow /
Jonas Engelmann (Hg.)
RIOT GRRRL REVISITED
Geschichte und Gegenwart einer feministischen Bewegung

www.ventil-verlag.de